Beck'sche Reihe
BsR 1039

In diesem provozierenden ‚Manifest' fordern 60 nam-
hafte Wissenschaftler ein neues Denken in der Migrationspolitik. Sie zeigen, daß die Problemfelder von
Migration, Integration und zugewanderten Minderheiten
in Deutschland vernachlässigte politische Gestaltungsbereiche sind. Es geht um zum Teil schon seit langem im
Lande lebende zugewanderte Minderheiten, um die weitere Zuwanderung und die damit verbundenen Probleme.
Gefordert werden umfassende Konzepte für Migrationspolitik und Einwanderungsgesetzgebung. Nötig dazu ist
eine Generaldebatte über die Zukunft von Bevölkerung
und Wirtschaft, Gesellschaft und Kultur im vereinigten
Deutschland.

Der Herausgeber, Prof. Dr. *Klaus J. Bade,* ist Direktor des
Instituts für Migrationsforschung und Interkulturelle
Studien (IMIS) der Universität Osnabrück. Der Histori-
ker hat u.a. im Verlag C.H.Beck 1992 das Sammelwerk
„Deutsche im Ausland – Fremde in Deutschland: Migra-
tion in Geschichte und Gegenwart" vorgelegt.

Das Manifest der 60

Deutschland und die Einwanderung

Mit Beiträgen von
Klaus J. Bade, Ursula Boos-Nünning,
Friedrich Heckmann, Otto Kimminich,
Claus Leggewie, Meinhard Miegel, Rainer Münz,
Dieter Oberndörfer, Peter J. Opitz,
Michael Wollenschläger

Herausgegeben von Klaus J. Bade

VERLAG C.H.BECK MÜNCHEN

Die Deutsche Bibliothek – CIP-Einheitsaufnahme

Das Manifest der 60 : Deutschland und die
Einwanderung / hrsg. von Klaus J. Bade ... –
Orig.-Ausg. – München : Beck, 1994
  (Beck'sche Reihe ; 1039)
  ISBN 3 406 37429 8
NE: Bade, Klaus J. [Hrsg.]; GT

Originalausgabe
ISBN 3 406 37429 8

Umschlagentwurf: Uwe Göbel, München
© C.H.Beck'sche Verlagsbuchhandlung (Oscar Beck), München 1994
Gesamtherstellung: C.H.Beck'sche Buchdruckerei, Nördlingen
Gedruckt auf säurefreiem,
aus chlorfrei gebleichtem Zellstoff hergestelltem Papier
Printed in Germany

Inhaltsverzeichnis

Das Manifest der 60:
Deutschland und die Einwanderung

Seite 13

Erläuternde Beiträge

Seite 66

Vorwort

Sechzig Wissenschaftlerinnen und Wissenschaftler verschiedener Fachgebiete melden sich gemeinsam zu Wort. Viele von uns beschäftigen sich seit Jahren mit Problemen von Wanderung und Eingliederung im weiteren Kontext der Entwicklung von Bevölkerung und Wirtschaft, Gesellschaft, Recht und Kultur in Geschichte, Gegenwart und Zukunft.

Zusammengeführt hat uns die gemeinsame Sorge über die mangelhafte politische Gestaltung der Migration und ihrer Folgen in Deutschland. Es geht uns um umfassende Konzeptionen für Zuwanderung und Eingliederung, Einwanderungsgesetzgebung und Migrationspolitik. Den Schwerpunkt bilden hier die Interessen und Probleme von Deutschland als Aufnahmeland. Nicht im Zentrum stehen die ebenso wichtigen Themen Flucht und Asyl. Einwanderungs- und Flüchtlingspolitik, die beiden großen Aufgabenbereiche im Problemfeld der Wanderungen, müssen in umfassenden Konzepten zusammengeführt werden. Sie sollten aber auch in einem solchen Rahmen klar unterscheidbar bleiben, zumal es in der öffentlichen Diskussion immer wieder Versuche gibt, das eine Problem gegen das andere auszuspielen.

Vor dem Hintergrund der fremdenfeindlichen Ausschreitungen konzentriert sich die Diskussion in Deutschland vorwiegend auf Fragen der Schadensbegrenzung und in der Sache auf die Themen Gewalt, Jugend, Medien und mögliche Konflikte in einer multikulturellen Gesellschaft. Wir diskutieren die anstehenden Fragen in den größeren Problemzusammenhängen, die nicht in schlanken Formeln abzuhandeln sind.

Kurzfristig mag es wichtigere Probleme geben als Migration, Integration und Minderheiten. Aber Deutschlands Zukunft hängt auch von einer Migrations- und Integrationspolitik mit Vernunft und Augenmaß ab. Den Rahmen für eine solche Politik abzustecken, ihre Ziele und Inhalte exemplarisch zu umreißen, ist Zweck des Manifests. Es enthält Diagnosen, Thesen und Vorschläge, aber keine Patentrezepte. Es versteht sich als Anstoß zu einer in Deutschland längst überfälligen Debatte.

Die Autoren des Manifests und der erläuternden Beiträge vertreten unterschiedliche Forschungsrichtungen, Sichtweisen und Meinungspositionen. Gemeinsam ist uns die Einsicht in die Notwendigkeit einer aktiven Gestaltung der anstehenden Probleme. Voraussetzung dazu ist eine offene Diskussion. Man kann sich dabei auf Gestaltungslinien einigen, auch wenn man in Sachfragen verschiedener Meinung ist. Das Manifest soll diese Diskussion erweitern und dazu beitragen, das politische Versteckspiel mit der Wirklichkeit in den Problembereichen von Migration, Integration und Minderheiten zu beenden.

Am Anfang standen intensiver Gedankenaustausch und Treffen in kleineren Gruppen. Ergebnis ist das Manifest. Es wurde von den 10 Autoren entworfen. Sie haben auch die erläuternden Beiträge verfaßt, die sie allein verantworten. Der im ersten Teil dieses Buches abgedruckte Kerntext des Manifests wurde mit 50 weiteren Wissenschaftlerinnen und Wissenschaftlern abgestimmt. Sie kommen aus den verschiedensten Fachgebieten und Forschungsrichtungen: von Demographie und Wirtschaftswissenschaften, Geographie und Geschichte, Sozial-, Politik- und Rechtswissenschaften, über Pädagogik, Bildungsforschung und Sprachwissenschaft, Medizin, Psychologie und Psychoanalyse bis hin zu Kulturanthropologie, Ethnologie und Theologie. Wir wissen, daß unsere Gedanken von vielen anderen mitgetragen werden, mit denen wir in Verbindung stehen.

Allen Beteiligten danke ich für die gute Kooperation und den fairen kritischen Austausch in der kurzen Entstehungszeit dieses Buches. Für die Unterstützung bei Redaktion und Druckvorbereitung danke ich meinem Mitarbeiter am Institut für Migrationsforschung und Interkulturelle Studien (IMIS) der Universität Osnabrück, Jochen Oltmer, M. A. Dem Stifterverband für die Deutsche Wissenschaft und der Freudenberg Stiftung danke ich für die Förderung unserer Bemühungen.

Osnabrück im Oktober 1993   Klaus J. Bade

Das Manifest der 60:
Deutschland und die Einwanderung

Das vereinigte Deutschland hat Probleme. Eines davon ist
der Umgang mit Migration und ihren Folgen. Wissenschaftliche Kritik, Warnungen und Appelle gab es zu-
hauf. Dennoch wurde dieses Feld von der Politik lange
ignoriert. Die sonst so ereignisreichen 1980er Jahre blieben deshalb in puncto Migration ein verlorenes Jahrzehnt.

Die gesellschaftlichen Folgen der politischen Versäumnisse sind unübersehbar. Die wachsende Fremdenfeindlichkeit in Deutschland ist weder allein pathologischer
Ausdruck einer allgemeinen Zivilisationskrise am Vorabend der Jahrtausendwende noch ‚natürliche‘ Reaktion
auf Zuwanderungsdruck. Sie ist auch eine aggressive Antwort auf fehlende Konzepte in der Migrationspolitik.

Die offene Diskussion der einschlägigen Probleme
wird heute erschwert durch die Versäumnisse von ge-
stern und die dadurch noch gesteigerten Berührungsäng-
ste gegenüber dem hoch emotionalisierten Thema ‚Einwanderung‘. Wenn aber heute gesagt wird, die seit mehr
als einem Jahrzehnt überfällige Debatte um Einwanderungsgesetzgebung und Migrationspolitik sei der Öffentlichkeit nicht zuzumuten und nur geeignet, die Fremdenfeindlichkeit zu erhöhen, dann werden Ursachen und
Folgen verkehrt.

Wir wollen nicht lamentieren, sondern argumentieren.
In der Sache ist, zum Teil schon seit Jahren, fast alles
gesagt. Es geht darum, die verfügbaren Argumente in der

exemplarischen Zusammenschau zu bündeln und in die politische Diskussion zu bringen als Grundlage für das Bemühen um einen tragfähigen Konsens.

Die weltweiten Wanderungs- und Fluchtbewegungen sind individuelle und gesellschaftliche Antworten auf politische, ökonomische und ökologische Krisensituationen. Dieser Herausforderung gegenüber kann auch ein Land von der wirtschaftlichen Stärke Deutschlands für sich allein wenig bewirken. Gesamteuropäische Lösungen sind gefragt. Als dem meist erstrebten Wanderungsziel in Europa kommt Deutschland für die Entwicklung und Umsetzung entsprechender Konzepte eine besondere Verantwortung zu. Voraussetzung dazu aber ist, die in den eigenen Grenzen anstehenden Probleme auch dort zu bewältigen und nicht an die Adresse Europas zu delegieren. Je mehr an ungelösten nationalen Problemen in die europäische Zukunft vertagt wird, desto schwieriger wird der Weg dorthin.

Im Umgang mit Migration geht es überdies nicht nur um globale und gesamteuropäische Aufgaben, sondern auch um eigene Interessen auf nationaler Ebene: Eine weitere Vernachlässigung der politischen Hausaufgaben im Problemfeld Migration gefährdet inneren Frieden und kulturelle Toleranz im vereinigten Deutschland. Es geht um die Situation von Einheimischen und Zuwanderern auf dem Wohnungs- und Arbeitsmarkt, in den Schulen, im Alltag von heute. Es geht um die gegenseitige Akzeptanz von deutscher Mehrheit und zugewanderten Minderheiten. Und es geht um den Sozialstaat von morgen, um die Sicherung seiner sozialen Leistungssysteme bei einer alternden und schrumpfenden Bevölkerung. Ihre Abnahme in absoluten Zahlen wurde bislang noch durch Zuwanderung aufgefangen. Wahrscheinlich werden wir in Zukunft weit stärker auf solche Hilfe von außen angewiesen sein, als wir uns dies heute vorstellen können und wollen.

Aber Einwanderer sind keine beliebig verfügbare Reserve, zumal dann nicht, wenn sie aus anderen Teilen Europas stammen oder gar deutschstämmig sein sollen. Fast überall in Europa schrumpfen die Geburtenzahlen. Auch die ‚Volksdeutschen‘ in Polen, Rußland und Zentralasien sind kein unerschöpfliches Reservoir.

Zuwanderung kann ein Beitrag zur Lösung innerer Probleme ohnehin nur dann sein, wenn einheimische Mehrheit und zugewanderte Minderheiten neben- und miteinander leben können. Das verlangt von beiden Seiten ein gewisses Maß an Integrationsbereitschaft. Sie hat kulturelle, aber auch ökonomische Voraussetzungen: Am günstigsten sind sie, wenn Einwanderer wirklich gebraucht werden, für ihren eigenen Lebensunterhalt sorgen und ihren Beitrag zur Sicherung des Generationenvertrages leisten können. Umgekehrt kann Migration auch destabilisierend wirken, wenn die Mehrzahl der Zugewanderten auf Sozialleistungen angewiesen bleibt und am Rande der Gesellschaft, in einer Getto-Situation oder gar in der Illegalität lebt.

Nach innen geht es um die Zukunft des Sozialstaats, für die Zuwanderung und Eingliederung eine erhebliche Rolle spielen werden, und um den sozialen Frieden bei anhaltender Zuwanderung. Nach innen und außen geht es einerseits um Einwanderungsgesetzgebung und Migrationspolitik, andererseits um die Aufnahme von Flüchtlingen und die Bekämpfung der Fluchtursachen.

In diesem umfassenden Aufgabenbereich haben wir uns in diesem Manifest klare Prioritäten gesetzt: Es geht um Deutschland und die Einwanderung. Der humanitäre Bereich von Flucht und Asyl wird hier nicht zentral thematisiert. Nicht weil wir ihn für unwichtig halten, sondern weil wir ihn für zu wichtig halten, um ihn von vornherein in die Diskussion um die ganz anders ausgerichteten Fragen von Einwanderungsgesetzgebung und Einwanderungspolitik einzubeziehen.

In Flüchtlingsfragen geht es um Hilfe durch Schutz und Asyl und um die Bekämpfung der Fluchtursachen. In Einwanderungsfragen aber geht es vornehmlich um die Interessen und Probleme des Einwanderungslandes. Vor diesem Hintergrund fragt das Manifest nach Aufgaben für Politik in Deutschland. Europäische und globale Perspektiven bieten Rahmenbezüge.

1. Tabu Migration: Belastungen und Herausforderungen in Deutschland

1.1. Deutsch-deutsche Erfahrungen

Im Saldo der Wanderungsbilanz haben sich für Deutschland in den letzten 100 Jahren die Vorzeichen umgekehrt. Aus dem Auswanderungsland des 19. Jahrhunderts wurde ein Einwanderungsland neuen Typs. Seit dem Zweiten Weltkrieg hat sich dieser Wandel im Westen Deutschlands enorm beschleunigt.

In der Geschichte von Wanderung und Eingliederung überwogen in den beiden deutschen Staaten unterschiedliche Entwicklungen und Erfahrungen. Das galt schon für die Eingliederung der Flüchtlinge und Vertriebenen. Sie wurden im Westen appellativ ‚Heimatvertriebene‘, im Osten schönfärberisch ‚Umsiedler‘ genannt. Was im Westen jahrzehntelang von einflußreichen Vertriebenenorganisationen öffentlich als ‚Recht auf Heimat' eingefordert wurde, blieb in der DDR als ‚Umsiedlerproblematik' tabuisiert mit Rücksicht auf die östlichen Nachbarn. Das gleiche galt dort für die öffentliche Beschäftigung mit den traumatischen Erfahrungen von Flucht und Vertreibung. Von der Integration der Flüchtlinge und Vertriebenen abgesehen, dominierten in der DDR bis zum Bau der Mauer 1961 und in abnehmendem Umfang auch danach im Gegensatz zur Bundesrepublik nicht Zuwanderung und Eingliederung, sondern Abwanderung und Ausgliederung durch Übersiedlung oder Flucht in den Westen.

Der Mauerbau im Osten aber beschleunigte im Westen nur den Weg zum unwilligen Einwanderungsland; denn die hier seit Mitte der 1950er Jahre unter staatlicher Mitwirkung begonnene Anwerbung ausländischer Arbeitskräfte wurde nach dem Ende des Zustroms aus der DDR um so mehr forciert. Die ‚Gastarbeiterfrage' der 1960er und frühen 1970er Jahre trug in der Bundesrepublik schon Ende der 1970er Jahre unverkennbare Züge eines echten Einwanderungsproblems. Das wiederum wurde im Westen regierungsamtlich dementiert, im politischen Entscheidungsprozeß verdrängt und im Verwaltungshandeln tabuisiert. Großkonzepte für Einwanderungsfragen blieben, nur folgerichtig, aus.

Auch in der DDR gab es – in vergleichsweise kleiner Zahl und meist im Zeitvertrag – ausländische Arbeitskräfte. Offiziell und vor allem gegenüber dem ‚kapitalistischen Ausland' wurde die Existenz des sozialistischen Arbeitskräfteimports in der Regel totgeschwiegen. Im Innern wurden die damit verbundenen Probleme tabuisiert, die ausländischen Heloten oft durch separate Unterkünfte auf Distanz zur einheimischen Bevölkerung gehalten.

In den Prozeß der Vereinigung brachten die einander fremd gewordenen Deutschen, neben vielen anderen ungelösten Fragen, auch in beiden deutschen Staaten unbewältigte Probleme im Umgang mit Fremden ein, ganz zu schweigen von der gemeinsamen Last der deutschen Geschichte gerade in diesem Bereich.

1.2. Eingliederungsprobleme im vereinigten Deutschland

Das vereinigte Deutschland der 1990er Jahre ist mit einer neuen Eingliederungssituation konfrontiert. Sie ist komplexer und unübersichtlicher als die beiden vorausgegangenen – die Integration von Flüchtlingen und Vertriebenen bis Mitte der 1950er Jahre und der im Westen anschließende Weg von der ‚Gastarbeiterfrage‘ zum tabuisierten Einwanderungsproblem. Die neue Eingliederungssituation umfaßt mehrere Gruppen von ausländischen und einheimischen ‚Fremden‘:

Es gibt in Deutschland nach wie vor die seit den späten 1970er Jahren entstandene, paradoxe Einwanderungssituation ohne Einwanderungsland und Einwanderungsentscheidung. Darin leben, als einheimische Ausländer, die meisten der heute schon bis zu drei Generationen umfassenden Familien aus der früheren ‚Gastarbeiterbevölkerung‘ – de jure Ausländer, de facto Einwanderer.

Die zweitgrößte zugewanderte Minderheit bilden die fremden Deutschen aus Ost- und Südosteuropa, die seit dem letzten Drittel des vergangenen Jahrzehnts jährlich zu Hunderttausenden als Aussiedler ‚zurück‘ ins Land ihrer Vorfahren kamen – de jure Deutsche, de facto auch Einwanderer.

Dazu kommt, als drittgrößter Problembereich, die in den 1980er Jahren ebenfalls stark angewachsene, seit Juli 1993 durch das neue Asylrecht gebremste Zuwanderung ausländischer Flüchtlinge. Schwer abschätzbar, aber zweifelsohne hoch ist die Zahl der illegal anwesenden Ausländer, die seit dem ‚Asylkompromiß‘ noch gestiegen sein dürfte.

Daneben stehen deutsch-deutsche Eingliederungsfragen und Entfremdungserfahrungen: Noch längst nicht bewältigt sind im Westen die Identitätsprobleme vieler Übersiedler aus der ehemaligen DDR. Im Osten gibt die einseitige Überformung durch den Westen vielen Menschen das Gefühl, Fremde im eigenen Land geworden zu sein. Diese innere Entfremdung hat die im Osten Deutschlands ohnehin wenig geübte Begegnung mit von außen zugewanderten Fremden noch weiter erschwert.

In der Unübersichtlichkeit der neuen Einwanderungssituation wird Zuwanderung von vielen Menschen als Bedrohung empfunden. Das hat der rechtsradikalen Agitation ein gefährliches Thema geliefert. Fremdenfeindliche Sündenbocktheorien und Projektionen wurden verstärkt durch soziale Angst und Ratlosigkeit, Orientierungsmangel und Perspektivlosigkeit, Wertediffusion und eine schleichende gesellschaftliche Entsolidarisierung.

1.3. Das verlorene Jahrzehnt der 1980er Jahre

Fremdenfeindliche Abwehrhaltungen haben aber auch zu tun mit einer heute schon historischen Bringschuld bundesdeutscher Politik. Sie kommt aus dem Versteckspiel mit der Wirklichkeit im für die Gestaltung der Einwanderungssituation verlorenen Jahrzehnt der 1980er Jahre. Es ist spät geworden in der Diskussion um Einwanderung und Eingliederung in Deutschland: Anfang der 1980er Jahre wurde bereits gefragt, ob es für die hier anstehenden Aufgaben noch ‚fünf vor zwölf‘ oder schon ‚fünf nach zwölf Uhr' sei. Geschehen ist seither wenig. Wieviel Uhr mag es heute sein?

Umfassende gesetzliche und politische Antworten auf die Herausforderung durch die Migration und ihre Folgen fehlen nach wie vor. Mehr als ein Jahrzehnt lang galt als kleinster gemeinsamer Nenner aller einschlägigen regierungsamtlichen Statements die parteiübergreifende Lebenslüge: ‚Die Bundesrepublik ist kein Einwanderungsland‘. Sie hat einen der wichtigsten und, bei Vernachlässigung, gefährlichsten gesellschaftlichen Gestaltungsbereiche tabuisiert und damit blockiert. Ausländerpolitik ist keine Antwort auf Einwanderungsfragen.

Mit der ungeregelten Einwanderung und der demagogischen Auseinandersetzung darüber wuchs die Angst vor den Fremden. Als die Angst von ‚unten‘ auf die Konzeptionslosigkeit von ‚oben‘ traf, schlugen ‚unten‘ Irritationen, Frustrationen und soziale Ängste um: bei den einen in politische Apathie bzw. ‚Politikverdrossenheit‘, bei anderen in gewaltbereite Fremdenfeindlichkeit bzw. fremdenfeindliche Gewaltakzeptanz. Das waren nicht etwa nur unvermeidbare Folgen von Einwanderung und Eingliederung, sondern auch vermeidbare Folgen ihrer mangelnden politischen Gestaltung.

Längst überfällig ist für alle Problembereiche und Folgeprobleme des Wanderungsgeschehens eine umfassende, auf klare Rechtsgrundlagen gestützte Politik für Migration, Integration und Minderheiten. Sie muß mit nüchternen Bestandsaufnahmen beginnen. Sie muß daraus den politischen Gestaltungsbedarf ableiten und die dazu nötigen Handlungsspielräume schaffen. Sie muß langfristig angelegt sein und alle Politikbereiche gegeneinander abwägen: von der Wirtschaftspolitik über die Sozialpolitik bis zur Kulturpolitik.

Voraussetzung dazu sind Gesamtkonzepte, hervorgegangen aus einer offenen Generaldebatte über die Zukunft von Bevölkerung, Wirtschaft, Politik und Kultur in Deutschland. Eine solche Debatte ist belastet durch politische Versäumnisse, unausgetragene Konflikte, verkrampfte Positionen und das mangelnde, bestenfalls in wechselseitiger Schuldzuschreibung akzeptierte Eingeständnis verlorener Handlungschancen im vergangenen Jahrzehnt und früher. Im gemeinsamen Interesse an der Gestaltung der Zukunft und an der Sicherung von sozialem Frieden und kultureller Toleranz im Innern muß es dennoch gelingen, konsensfähige Perspektiven zu finden. Nötig dazu ist eine De-Eskalation der hoch emotionalisierten deutschen Migrationsdiskussion und die Bereitschaft zum pragmatischen Dialog über die gemeinsamen Probleme.

Jede weitere politische Erkenntnisverweigerung oder Tabuisierung, jede defensive Verdrängung oder Vernachlässigung dieses innenpolitisch brisanten Themas, jede weitere Flucht aus der Handlungsverantwortung aus Angst vor dem Bürger als Wähler käme fahrlässiger Selbstgefährdung gleich. Die Migration und ihre Folgen werden Deutschland und Europa auch in Zukunft begleiten: von den Wanderungen im europäischen Binnenmarkt und an seinen Rändern bis zum kontinentalen und interkontinentalen Wanderungsdruck in Ost-West- und Süd-Nord-Richtung.

Deutschland allein kann die Wanderungsprobleme der Welt nicht lösen. Aber es kann und muß, auch im eigenen Interesse, auf nationaler und europäischer Ebene seinen Beitrag dazu leisten. Dabei müssen die Hintergründe des weltweiten Wanderungsgeschehens und die Problemlagen in Europa als Rahmenbezüge im Auge behalten werden.

2. Rahmenbezug I: Weltbevölkerung und Weltwanderung

Die Migrationsbewegungen unserer Zeit übergreifen Weltregionen und Kontinente. Sie sind Folgen einer Vielzahl von Prozessen, die weit in die Geschichte zurückreichen. In ihrer Gesamtheit führten sie zu einer tiefgreifenden Veränderung der globalen Macht- und Wachstumspole. Ergebnis ist in vielen Weltregionen eine dramatische Verschlechterung der Lebensbedingungen für Hunderte von Millionen Menschen. Ihre Entscheidung, die traditionellen Siedlungsgebiete zu verlassen und auf die Suche nach einer neuen Heimat zu gehen, ist teils spontaner Reflex, teils mehr oder minder rational geplante Reaktion auf erschwerte Existenzbedingungen und auf um so lockendere Lebenschancen in anderen Gebieten. Die Steuerung dieser Migrationsbewegungen und die Bekämpfung ihrer Ursachen zählen zu den wichtigsten und zugleich schwierigsten Aufgaben unserer Zeit. Ohne ein hohes Maß an internationaler Kooperation und Koordination werden sie nicht zu bewältigen sein.

Ursächlich bestimmend für die Massenwanderungen des 20. Jahrhunderts sind mindestens vier große Prozesse:

2.1. Imperialer Zerfall und nationale Renaissance

Multi-ethnische Imperien, unter ihnen die riesigen Kolonialreiche der Staaten Westeuropas, bildeten bis Mitte des 20. Jahrhunderts die zentralen Elemente des internationalen Systems. Zerfallsprodukte dieser Imperien sind weltweit über hundert neue Staaten. Viele von ihnen leiden bis heute unter strittigen Außengrenzen, unbewältigten ethnischen Spannungen, mangelnder politischer Legitimität und wirtschaftlicher Unterentwicklung. Ethnische und religiöse Unterdrückung, massive Menschenrechtsverletzungen, Separatismus, Bürgerkriege, Grenz- und Territorialkonflikte sind die wichtigsten Folgen. Sie verstärken bereits bestehende Elemente der Destabilisierung und fördern damit die weitere Fragmentierung des internationalen Systems. Neue, noch immer schwer kalkulierbare Konfliktpotentiale brachte ab Ende der 1980er Jahre der – noch keineswegs abgeschlossene – Zerfall des sowjetischen Imperiums. Zu den Opfern dieser imperialen Zerfallsprozesse gehören fast 20 Millionen Flüchtlinge mit Konventionsstatus und eine ebenso große Zahl von innerhalb dieser Staaten entwurzelter Menschen.

2.2. Weltwirtschaftliche Umstrukturierungen

Schon vor einigen Jahrhunderten eingesetzt, aber im 20. Jahrhundert rapide zugenommen, hat die Herausbildung eines stark arbeitsteilig gegliederten Weltwirtschaftssystems. Grundlage waren wissenschaftlich-technische Revolutionen, die sich gerade in den letzten Jahrzehnten weiter beschleunigten. Einigen Weltregionen – vor allem denjenigen, von denen es seinen Ausgang nahm – brachte dieses Wirtschaftssystem enormen Wohlstand. In anderen Regionen hingegen führte es zu einer gravierenden Verschlechterung der Lebensbedingungen. Das gilt vor allem für Regionen, die sich aufgrund kolonialer Abhängigkeit, ungünstiger Ressourcenausstattung, ungerechter internationaler Austauschrelationen und unfähiger lokaler Eliten nicht rechtzeitig an die Veränderungen anzupassen vermochten. Die Abwanderung zahlreicher, insbesondere den Mittelschichten entstammender Menschen aus solchen Regionen in Gebiete, in denen sie sich bessere Lebensbedingungen erhoffen, gewinnt ständig an Umfang und Dynamik.

2.3. Demographisches Wachstum

Seit einigen Jahrzehnten steigt die Weltbevölkerung rapide an. Bei einem durchschnittlichen jährlichen Zuwachs um 97 Millionen Menschen droht bis zum Jahr 2050 ein Anwachsen von 5,6 Milliarden (1994) auf 10 Milliarden im günstigsten, auf ca. 12,5 Milliarden im weniger günstigen Fall. Die demographische Situation wird dadurch verschärft, daß der weitaus größte Teil des Zuwachses in Ländern des ‚Südens‘ erfolgen wird. Ohne einen tiefgreifenden Wandel in Wirtschafts- und Bevölkerungsentwicklung werden sich für viele Menschen in diesen Regionen die Lebensbedingungen weiter verschlechtern. Hungerkatastrophen, unkontrollierte Massenwanderungen und gewaltsame Ressourcenkonflikte um Land, Wasser und Nahrung sind absehbare Folgen, gegen die sich auch die wohlhabenden Länder der Welt nicht werden abschotten können.

2.4. Ökologische Zerstörung

Folge einer ebenso rücksichtslosen wie kurzsichtigen Modernisierungspolitik, wachsender Armut und rapide zunehmender Bevölkerungen gerade auch in den ökologisch sensiblen Gebieten ist die rasch fortschreitende Zerstörung der natürlichen Umwelt. Sie hat viele Formen: die schnell vorrückende Verwüstung wertvollen Acker- und Weidelands, das Verschwinden der großen tropischen Wälder, die Überfischung der Weltmeere und die Vergiftung von Wasser, Land und Luft. Die Abwanderung aus den ökologisch zerstörten und gefährdeten Regionen nimmt ständig zu. Schon heute wird die Zahl der ‚Umweltflüchtlinge‘ auf weit über 100 Millionen Menschen geschätzt. Ihre Zahl würde sich dramatisch erhöhen, sollte es zu der prognostizierten Erwärmung der Erdatmosphäre kommen, zu dem mit ihr einhergehenden Anstieg des Meeresspiegels und zur weiteren Austrocknung der Halbwüsten.

2.5. Regionale und globale Gefälle

Folgen dieser vier Prozesse sind *innerhalb* verschiedener Weltregionen, vor allem aber *zwischen* ihnen, Gefälle von dreifacher Art:

Sie zeigen sich *wirtschaftlich* in starken Disparitäten des Wachstums und der Fähigkeit zu wissenschaftlich-technologischer Innovation. Sie zeigen sich *politisch* in unterschiedlichen Niveaus der Sicherheit, der Verwirklichung von Menschenrechten und der Möglichkeiten politischer Partizipation. Sie zeigen sich *demographisch* in eskalierenden Bevölkerungszuwächsen in den Regionen des ‚Südens‘ und in sowohl quantitativ stagnierenden wie alternden Bevölkerungen in den Staaten des ‚Nordens‘.

Erstmals in der Geschichte werden diese Gefälle mittels moderner Medien von großen Teilen der Weltbevölkerung nicht nur wahrgenommen, sondern aufgrund der weltweiten Verbreitung westlicher Werte – insbesondere der universale Geltung beanspruchenden Menschenrechte – auch als ungerecht empfunden. Schnelle und billige Verkehrsmittel eröffnen zudem vielen Menschen die Hoffnung, diese Gefälle durch Flucht und Migration zeitweise oder auf Dauer überwinden zu können. Eine Enttäuschung dieser Hoffnungen durch rigorose Abschottung würde, sofern sie überhaupt durchführbar wäre, zu wachsender Frustration und Feindseligkeit führen. Eine Art neuer globaler Kalter Krieg und viele heiße Kriege wären absehbar – mit unkalkulierbaren Gefahren, menschlichem Leid und finanziellen Kosten in gigantischer Höhe. Europa als eine der stärksten Wirtschaftsmächte der Welt ist nicht etwa nur in universalistischem Altruismus, sondern auch im wohlverstandenen Eigeninteresse gefordert, zur Gestaltung der globalen Probleme beizutragen, solange sie noch gestaltbar sind.

3. Rahmenbezug II: Bevölkerung und Wanderung in Europa

Die Bevölkerungsentwicklung in den meisten Ländern Europas wird durch die gleichen Trends bestimmt: Einer davon ist das Sinken der Kinderzahl. Auf den Baby-Boom der Nachkriegszeit folgten seit den 1960er Jahren fast überall Geburtenrückgänge. Heute haben sich die Kinderzahlen in Europa – von Ausnahmen wie Albanien und dem Kosovo abgesehen – auf niedrigem Niveau eingependelt. Ein zweiter europaweiter Trend ist die steigende Lebenserwartung. Ein dritter gemeinsamer Trend gilt zumindest für die Staaten in der westlichen Hälfte Europas: Sie sind in den letzten Jahrzehnten fast alle zu Einwanderungsländern geworden.

3.1. Phasen und Typen europäischer Migration

Unterschiedliche Phasen und Typen kennzeichnen die Migration in Europa seit Mitte der 1950er Jahre: Zuerst kehrten im Zuge der Entkolonialisierung ‚weiße' Kolonisten, Beamte und Soldaten zurück – nach Großbritannien, Frankreich, Belgien, Italien, in die Niederlande und später auch nach Portugal. Ihnen folgten Einheimische aus den ehemaligen Überseegebieten, meist als Arbeitskräfte. Danach begannen die stärker industrialisierten Länder Westeuropas, ihren Zusatzbedarf an Arbeitskräften durch Anwerbung im Mittelmeerraum zu decken. In Deutschland setzte die Anwerbung von ‚Gastarbeitern' erst nach dem Bau der Mauer in vollem Umfang ein. Seit Mitte der 1970er Jahre gewann der Familiennachzug erheblich an Bedeutung.

Der zur Zeit am meisten diskutierte Typ von Massenwanderungen begann in den 1950er Jahren mit den Fluchtbewegungen aus Osteuropa und der ‚Dritten Welt'. Anfangs dominierten politische Fluchtmotive. Heute ist Europa in viel größerem Umfang mit Armut, Krieg und ethnischen Konflikten als Wanderungsgründen konfrontiert. Hauptherkunftsgebiet von Flüchtlingen und Vertriebenen war in den frühen 1990er Jahren das ehemalige Jugoslawien. In Westeuropa hat sich die Zahl der registrierten Asylanträge seit Mitte der 1980er Jahre vervierfacht. 1992 wurden zwei Drittel dieser Anträge in Deutschland gestellt.

Nur in sehr wenigen Staaten spielt heute die Repatriierung ethnischer oder religiöser Minderheiten eine Rolle.

Wichtigstes Beispiel dafür ist Deutschland, das sich als Aufnahmeland für Millionen von deutschstämmigen Aussiedlern aus Osteuropa und Zentralasien versteht.

Insgesamt dominierten von den 1950er bis zu den 1980er Jahren in Europa die Süd-Nord-Wanderungen. Nach einer Phase geringerer internationaler Mobilität verstärkte sich seit den späten 1980er Jahren vor allem die Ost-West-Wanderung.

In den frühen 1950er Jahren lagen die Ausländerzahlen in den meisten Staaten Europas relativ niedrig. 5,1 Millionen Einwohner Westeuropas (1,3 Prozent) hatten damals einen fremden Paß. Zu Beginn der 1970er Jahre erreichten Ausländerbeschäftigung und Ausländeranteile an der Wohnbevölkerung in Westeuropa Rekordhöhen. 1970/71 lebten fast 11 Millionen (3,5 Prozent), 1992 rund 18,4 Millionen (4,9 Prozent) Ausländer legal in Westeuropa. Viele von ihnen sind bereits im Zuwanderungsland zur Welt gekommen, besitzen aber nicht dessen Staatsbürgerschaft.

3.2. Die Zuwanderung nach Westeuropa wird anhalten

In naher Zukunft steht Europa ein Alterungsschub bevor. Die Zahl der über 65jährigen wird sich in den kommenden vier Jahrzehnten fast verdoppeln. Außerdem wird die geringe Kinderzahl in etlichen Ländern zu einem Schrumpfen der inländischen Wohnbevölkerung führen. Noch sorgen die hohe Arbeitslosigkeit und das wenig ausländerfreundliche Meinungsklima dafür, daß sich trotz dieser Entwicklung in Westeuropa kaum jemand für Zuwanderung einsetzt. Aber es ist durchaus vorstellbar, daß es im ersten Viertel des 21. Jahrhunderts wieder zur aktiven Anwerbung von

Arbeitswanderern und wohl auch von Einwanderern kommen wird.

Massenwanderungen in und nach Europa wird es in den kommenden Jahren allerdings auch ohne aktive Anwerbung geben: Bei derzeit 18–20 Millionen Ausländern im EG- und EFTA-Raum sorgen schon Familiennachzug und Rückwanderung für ein gewisses Maß an Migration. Noch entscheidender ist, daß sich an den zentralen Wanderungsursachen der letzten Jahre auf absehbare Zeit kaum etwas ändern wird. Ein Ende der ethnischen Konflikte und ‚Säuberungen‘, der Kriege um Land und Ressourcen und der politischen Gewalt gegen Andersdenkende in unserer unmittelbaren Nachbarschaft ist nicht absehbar. An der südlichen und östlichen Peripherie Europas – vom Maghreb über die Türkei bis Mittelasien – ist das Bevölkerungswachstum ungebrochen. Die wirtschaftliche Entwicklung dieser Regionen kann mit der demographischen nicht Schritt halten. In der östlichen Hälfte Europas gibt es zwar keine Überbevölkerung. Aber dort wächst sowohl die Zahl der wirtschaftlich und sozial marginalisierten Bürger als auch die der Ambitionierten mit höherer Qualifikation, die im eigenen Land für sich und ihre Kinder keine Zukunft sehen.

Die ökonomische Kluft zwischen Westeuropa und seiner unmittelbaren Nachbarschaft wird mithin ein gewisses Maß an Migration in Gang halten, obwohl die reichen Industriestaaten derzeit alle auf Abschottung setzen. Die Wohlstandsgrenze quer durch Europa und entlang des Mittelmeeres wird sich allerdings niemals mit derselben Perfektion kontrollieren lassen wie die innerdeutsche Grenze bis 1989. Bloße Abschottung ist kein Ersatz für Migrationspolitik. Sie beseitigt keine der Ursachen, die Menschen heute zum Verlassen ihrer Heimat zwingen. Deshalb brauchen wir eine gesamteuropäische Migrationspolitik. Die hat freilich nur dann eine Chance auf Erfolg, wenn wir jeweils auch auf nationaler Ebene unsere Handlungsspielräume nutzen.

4. Die Zukunft von Bevölkerung und Wirtschaft in Deutschland

‚Sterben die Deutschen aus?' heißt eine in kürzer werdenden Abständen wiederkehrende Schlagzeile der Pressediskussion. Sie ist vordergründig und vereinfachend: Die deutsche Bevölkerung wird nicht aussterben, aber der Zahl nach kleiner und im Durchschnitt älter werden. Dieser Prozeß ist längst im Gang. Er kann durch Zuwanderung nicht gestoppt, aber in seinen Folgen unter bestimmten Bedingungen balanciert werden.

Die Frage nach Chance, Art und Grad solcher Balance ist abhängig von der Einschätzung der zukünftigen Entwicklung von Bevölkerung und Wirtschaft in Deutschland. Die Wirtschaftsentwicklung ist zwar eng mit der Bevölkerungsentwicklung verknüpft, hängt aber auch von vielen weiteren Faktoren ab. Deshalb gibt es auch bei ‚Vorhersagen' in Wenn-dann-Überlegungen zum Verhältnis von Bevölkerung und Wirtschaft immer eine Fülle von Unsicherheiten. Gehen wir grob von zwei alternativen Szenarien aus: von der Entwicklung der Volkswirtschaft ohne oder mit weiterer Einwanderung.

4.1. Ohne Einwanderung altert die Erwerbsbevölkerung

Ohne weitere Einwanderung wird in Deutschland schon bis Ende der 1990er Jahre der Anteil jüngerer Erwerbsfähiger deutlich zurückgehen, der Anteil älterer etwas ansteigen. Die Zahl der Erwerbsfähigen insgesamt wird sich dabei zunächst noch kaum verändern. Nach der Jahrtausendwende verstärkt sich dieser Trend: Das Durchschnittsalter der Erwerbsfähigen steigt weiter an, aber ihr Anteil an der Wohnbevölkerung nimmt nur geringfügig ab.

Ob und wie sich dieser Trend weiter fortsetzt, hängt davon ab, ob man am bisherigen Rentenalter festhält oder mit steigender Lebenserwartung, längerer physischer und psychischer Leistungsfähigkeit auch die Lebensarbeitszeit ausdehnt. Wird z.B. das Rentenalter – alsbald beginnend – jedes Kalenderjahr um einen Monat angehoben, dann geht der Anteil der Erwerbsfähigen auch bei schrumpfender Gesamtbevölkerung nur langsam zurück. Steigt zugleich die Erwerbsbeteiligung von Frauen sowie von jüngeren und älteren Erwerbsfähigen, dann kann der Anteil der Erwerbspersonen an der Bevölkerung praktisch unverändert bleiben, vorausgesetzt, daß die damit für die Stellung der Frau und die Rolle der Familie verbundenen Probleme bewältigt werden können. In jedem Falle läge das Durchschnittsalter dieser Erwerbsbevölkerung deutlich höher als das der heutigen.

Was eine alte Erwerbsbevölkerung für die Kreativität und Produktivität einer Volkswirtschaft bedeutet, ist ungewiß. Wahrscheinlich ist jedoch, daß unter den derzeitig gültigen Wirtschafts-, Arbeits-, vor allem aber Bildungs- und Ausbildungsbedingungen Kreativität und Produktivität und mit ihnen die volkswirtschaftliche Leistungsfähigkeit allmählich schwinden würden. Werden diese Bedingungen zielstrebig den Möglichkeiten einer alternden Erwerbsbevölkerung angepaßt, dann können Kreativität und Produktivität wahrscheinlich erhalten bleiben.

Eine schrittweise Verlängerung der Lebensarbeitszeit würde ferner den Anstieg der ‚Altenlast‘, der unter den bestehenden Bedingungen unvermeidlich ist, spürbar verringern. Zwar wäre auch dann noch ein Umbau der gesetzlichen Alters-, Kranken- und Pflegeversicherung unabdingbar, weil der Anteil Hochbetagter auf jeden Fall stark zunimmt. Beide Maßnahmen zusammen aber dürften bewirken, daß die alten Menschen durch den erwerbsfähigen Teil der Bevölkerung weiterhin ausreichend versorgt werden können.

Das gilt um so mehr, als der individuelle Wohlstand besonders bei älteren Menschen vorerst weiter steigen wird. Ursache dafür sind insbesondere die äußerst ergiebigen Erbgänge, die in den nächsten 10 bis 20 Jahren auf Millionen von Westdeutschen, vorwiegend in deren sechstem Lebensjahrzehnt, zukommen. Durch die Konzentration dieser Erbgänge auf einen kleiner werdenden Personenkreis wird deren wohlstandssteigernde Wirkung noch erhöht. Im Osten Deutschlands freilich ist, wegen der fehlenden Privatvermögen, mit einer solchen Entwicklung nicht zu rechnen.

4.2. Einwanderung fördert Wirtschaft nur unter bestimmten Voraussetzungen

Wenn auch in Zukunft viele Einwanderer nach Deutschland kommen, dann kann die weitere wirtschaftliche Entwicklung unter der Bedingung ihrer raschen und umfassenden Integration positiv, anderenfalls aber negativ beeinflußt werden. Die Integration von Einwanderern hängt wesentlich ab von Lebensalter, Motivation, Bildungsniveau, beruflicher Qualifikation, Wirtschafts- und Arbeitskultur und nicht zuletzt von der Integrationsbereitschaft auf beiden Seiten. Dabei gilt für die Einwanderung: je jünger, motivierter und qualifizierter die Einwanderer, desto günstiger ihr Einfluß auf die Volkswirtschaft. Es geht dabei aber nicht um irgendwelche Qualifikationen, sondern um solche, die in das sich rasch ändernde Anforderungsprofil der deutschen Wirtschaft passen.

Verfügen die Einwanderer nicht oder nur bedingt über diese Voraussetzungen, und können bestehende Defizite auch nicht kurzfristig behoben werden, dann könnte Einwanderung die wirtschaftliche Entwicklung und das soziale Netz sogar empfindlich belasten. Das aber träfe die durch Abnahme und Alterung ohnehin geschwächte einheimische Bevölkerung besonders hart.

Um dies zu vermeiden, müßten die Einwanderer – jenseits des humanitären Bereichs von Flucht und Asyl – unter wirtschaftlichen Gesichtspunkten sorgfältig ausgewählt werden können. Zugleich muß sich die einheimische Bevölkerung mehr als bisher auf die Integration der Einwanderer einstellen. Dazu gehören nicht nur organisatorische, sondern auch gesellschaftspolitische und sozialpsychologische Maßnahmen. Die einheimische Bevölkerung muß lernen, Einwanderer nicht nur hinzunehmen, sondern mit ihnen aktiv zu leben und zu arbeiten.

Wenn die Zukunft ausschließlich aus eigener Kraft, d. h. mit eigenen (Arbeits-)Kräften und ohne Einwanderung gestaltet werden soll, dann bedarf es einschneidender wirtschafts-, sozial- und im weitesten Sinne gesellschaftspolitischer Eingriffe. Sie werden uns in vergleichsweise begrenztem Maße zwar ohnehin nicht erspart bleiben. Sie würden in vollem Umfang aber den politischen und sozialen Konsens auf eine harte Bewährungsprobe stellen, sofern sie überhaupt durchsetzbar sind.

Sollen solche Eingriffe sozial verträglich gehalten werden, dann brauchen wir Kurskorrekturen im Innern und geregelte Zuwanderung von außen. Bis auf weiteres scheint sie noch gesichert – und was dann? Der in der Diskussion beliebte Hinweis auf Aussiedler, anerkannte Asylbewerber und Flüchtlinge mit langem Inlandsaufenthalt trägt hier nur bedingt; denn die ‚Auswahl' dieser Zuwanderer erfolgt durch das Recht, nicht aber nach den wirtschaftlichen Interessen des Aufnahmelandes. An einer möglichst frühzeitigen Entwicklung von umfassenden Konzepten für Einwanderungsgesetzgebung und Migrationspolitik führt deshalb kein Weg vorbei.

5. Multikulturalismus in der Einwanderungsgesellschaft

In der deutschen Diskussion um Wanderungsfragen steht der Begriff des Multikulturalismus für die Bejahung von Einwanderung und politischer Gleichberechtigung durch Einbürgerung. In der Einwanderungsgesellschaft sollen neben den kulturellen Traditionen der deutschen Bevölkerung auch diejenigen der Einwanderer Platz finden. Die Akzeptanz des Multikulturalismus findet ihre Grenzen in den Grundwerten der Rechtsordnung und des republikanischen Verfassungsstaates. Innerhalb der dadurch umrissenen Bandbreite kultureller Vielfalt beschränkt sich die gewünschte Integration der Einwanderer auf die Anerkennung der rechtlichen und politischen Ordnung mit ihren Grundwerten und Institutionen. Unerläßliche Voraussetzung dieser Integration ist die Kommunikation zwischen den Bürgern des Staatsverbandes in einer gemeinsamen Amts- und Verkehrssprache, die hierzulande das Deutsche ist.

Hintergründe des heftigen Widerstandes gegen eine Öffnung für Einwanderung und die damit verbundene kulturelle Vielfalt bilden in Deutschland die auch aus ‚klassischen' Einwanderungsprozessen bekannten Ängste vor ökonomischer und sozialer Konkurrenz, gruppenpsychologische Abwehrmechanismen gegen ‚Fremde' und kulturelle Überfremdungsängste. Trotz des starken Säkularisierungsprozesses in Deutschland richten sich solche, durch gängige Schreckbilder forcierte kulturelle Überfremdungsängste vor allem gegen Einwanderer aus außereuropäischen Kulturen. Erschwerend hinzu kommen das überlieferte völkische Nationalstaatsverständnis und immer noch vorhandene Defizite bei der Akzeptanz der vom modernen Verfassungsstaat geschützten kulturellen Freiheit.

5.1. Das völkisch-ethnische Nationalstaatsverständnis

Im Selbstverständnis des deutschen Nationalstaats ist das deutsche Volk eine ethnische Größe. Staatsangehörige sollen nach gängiger Vorstellung ausschließlich Menschen deutscher Abstammung sein. Die Nation versteht sich mithin als ethnische Abstammungsgemeinschaft. Einwanderer aus ‚fremden' Völkern haben in ihr keinen Platz, können nicht Staatsbürger werden. Die völkische Nationalstaatsidee ist mit der Vorstellung einer Nationalkultur verbunden, die inhaltlich definiert und gegen ‚fremde' Kulturen abgegrenzt werden kann.

Die völkische Ideologie übersieht dabei, daß auch ‚das' deutsche Volk selbst nichts Naturwüchsiges, sondern Ergebnis vielfältiger Mischungsprozesse durch Zuwanderungen von ‚Fremden' ist. Das gilt noch viel mehr für die vom völkischen Nationalismus beschworene, endogene Nationalkultur. Die von der Sehnsucht nach einer ‚homogenen', ‚nationalen' Kultur getragene Polemik gegen den Multikulturalismus und die in ihm eingeschlossene Möglichkeit kultureller Konflikte nimmt überdies nicht zur Kenntnis, daß auch die Geschichte der europäischen und ‚deutschen' Kultur durch schwere Konflikte bestimmt wurde. Ein Beispiel dafür ist die Geschichte der religiösen Bürgerkriege in Europa. Jahrhundertelang war für die Völker Europas die konfessionelle weit wichtiger als die ethnische Zugehörigkeit. Erst nach dem Zweiten Weltkrieg haben sich in Deutschland die Gegensätze zwischen den Konfessionen entspannt.

Deutschland hat seit dem Zweiten Weltkrieg eine revolutionäre Auflösung und Abschleifung herkömmlicher Lebenswelten erfahren. Die Herausbildung neuer beruflich-sozialer Strukturen wurde von einem tiefgreifenden Säkularisierungsprozeß begleitet. Katholiken besuchten 1950 noch zu 80 Prozent und Protestanten zu 20 Prozent regelmäßig die Kirche. Heute sind es jeweils noch 25 Prozent und 4 Prozent. Der schnelle Abbau festgefügter traditionaler Sozialmilieus mit ihren eingeschliffenen Lebensformen, Einstellungen, Verhaltensweisen und den daraus resultierenden sozialen und mentalen Bindungskräften kann die Öffnung zu einer multikulturellen Gesellschaft erleichtern. Schneller sozialer Wandel und die mit ihm verbundenen Irritationen und Verunsicherungen können aber auch geschichtsfremde nostalgische Träume von einer national ‚homogenen' Gesellschaft fördern und die Angst vor Multikulturalismus als vermeintlicher Bedrohung verstärken.

5.2. Multikulturalismus im republikanischen Verfassungsstaat

Das Kulturverständnis des völkisch-ethnischen Nationalismus gründet auf selektiver Wahrnehmung der Vergangenheit und auf einer mit ihrer Hilfe konstruierten ‚nationalen' kulturellen Identität, die innovationsfeindlich und abgrenzend wirkt. Im Gegensatz dazu schützt der republikanische Verfassungsstaat die kulturelle Freiheit aller Bürger und öffnet sich damit für kulturelle Vielfalt und Dynamik. Im republikanischen Verfassungsstaat gibt es keinen ‚nationalen' Geschmack, keine ‚nationale' Kunst oder Religion. Es bleibt den Staatsbürgern überlassen, welche Kulturwerte sie sich innerhalb der Grenzen der Rechtsordnung und ihrer kulturellen Grundwerte aneignen und für sich selbst verbindlich halten wollen. Dieses Recht muß in Deutschland auch für Staatsbürger nichtdeutscher Herkunft und für Ausländer gelten, die keine Deutschen sind oder werden wollen.

Fremdenfeindliche Haßkampagnen gegen eine Öffnung der Gesellschaft für multikulturelle Lebensformen führen im Grunde in die Zeit der Religionskriege zurück. Sie sind unvereinbar mit dem Grundgesetz und der rechtlichen Ordnung aller republikanischen Verfassungsstaaten. Kriterien für die Zugehörigkeit zur Republik können nur Bejahung der Verfassung und Gesetzestreue sein. Das Bürgerrecht darf im republikanischen Verfassungsstaat nicht wegen der Beheimatung in einer ‚fremden' Kultur verwehrt werden: „Niemand darf wegen seines Geschlechts, seiner Abstammung, seiner Rasse, seiner Sprache, seiner Heimat und Herkunft, seines Glaubens, seiner religiösen oder politischen Anschauungen benachteiligt oder bevorzugt werden", heißt es in der Verfassung der Bundesrepublik Deutschland (Art. 3, Abs. 3 GG).

Eingliederung ist ein Kulturprozeß auf Gegenseitigkeit. Nötig dazu ist die aktive Gestaltung und Einübung von Verkehrsregeln für die Begegnung von Mehrheit und zugewanderten Minderheiten in der Einwanderungsgesellschaft.

6. Ethnische Vielfalt und Akkulturation im Eingliederungsprozeß

Wie in ‚klassischen‘ Einwanderungsländern, so haben sich auch in der Bundesrepublik ethnische Minderheiten herausgebildet – als Resultat des Migrationsprozesses, aber auch zu seiner Bewältigung durch die Migranten. Es gibt sie nicht nur als statistische Gruppen, sondern auch als selbstorganisierte Beziehungsstrukturen in Gestalt ethnischer ‚Kolonien‘. Bevölkerung und Sozialstruktur haben sich ethnisch differenziert: Ethnisch (und schichtspezifisch) geprägte Milieus sind entstanden, mit ethnisch bestimmten Verkehrskreisen, Heiratskreisen, Bewußtseinsformen, politischen Präferenzen und Loyalitäten. Ethnizität ist zu einem wichtigen Merkmal der Sozialstruktur Deutschlands geworden. ‚Ethnizität‘ bedeutet, daß der Glaube an gemeinsame Herkunft und Erfahrungen, Gemeinsamkeiten der Kul-

tur und darauf beruhende Solidargefühle zwischenmenschliche Beziehungen strukturieren und gruppenbil-
dend wirken.

Die Bundesrepublik steht damit vor der Frage: Soll diese ethnische Vielfalt (Heterogenität) beibehalten, ihrer
‚spontanen‘, ‚naturwüchsigen‘ Entwicklung überlassen,
gefördert oder abgebaut werden? Was bedeutet ethnische
Heterogenität als Quelle oder Bedingung möglicher
gesellschaftlicher Konflikte? Was bedeutet sie für Integration und Kohäsion großer Teile der Bevölkerung und
gesellschaftlicher Strukturen? Auch der Inhalt des Nationskonzepts steht zur Diskussion. In öffentlichen und
wissenschaftlichen Erörterungen wurden diese Fragen
bisher wenig diskutiert. In polemischen Auseinandersetzungen zum Thema ‚multikulturelle Gesellschaft‘ werden
einige Aspekte gestreift, mehr aber nicht.

6.1. Alternative Strategien im Umgang mit Ethnizität

Im Grunde gibt es drei mögliche politische Handlungs-
strategien gegenüber ethnischer Heterogenität: 1. eine
Laissez-faire Strategie; 2. eine Politik der Befestigung und
Förderung ethnischer Heterogenität; 3. Akkulturationsstrategien zur Einebnung ethnischer Unterschiede.

Bei einer *Laissez-faire-Strategie*, die einen staatlich-politischen Orientierungs- und Handlungsbedarf nicht
sieht, würde ein sozialstrukturell, kulturell und politisch
bedeutsamer gesellschaftlicher Bereich schlicht aus dem
Steuerungs- und Verantwortungsbereich von Politik herausdefiniert. Eine Politik der *Beibehaltung und Förderung ethnischer Heterogenität* hieße: Staatliche Stellen
und gesellschaftliche Institutionen ermutigen die ethnischen Gruppen, sich als solche zu organisieren, einen for-

mell-rechtlichen Minderheitenstatus zu erreichen und ihr Gewicht in der Politik geltend zu machen. Ethnische Grenzen und kulturelle Differenzen würden dadurch intensiviert und institutionalisiert.

Eine Politik der *Akkulturation* gegenüber ethnischer Vielfalt erstrebt und fördert demgegenüber gezielt einen kulturellen und sozialen Annäherungsprozeß zwischen Minderheiten und Mehrheit und den schrittweisen Rückgang der spezifischen ethnischen Gruppenidentitäten. Versuche zu einer Art Zwangsassimilierung erreichen erfahrungsgemäß meist das Gegenteil des Erstrebten. Aussichtsreich ist eine solche Politik nur als Einladung, Austausch, Werbung um Übernahme und Herausbildung neuer kultureller Muster. Eine solche Strategie beläßt ethnische Praktiken im Privatraum. In den öffentlich-staatlichen Institutionen, bei der Arbeit, im Erziehungs- und Bildungssystem und in den Medien hingegen werden Akkulturationsstrategien verfolgt. Die bestehende ethnische Vielfalt wird dabei als eine gesellschaftliche Übergangsform in einem – Generationen übergreifenden – Eingliederungsprozeß verstanden, in dem sich unterschiedliche ethnische Identitäten schließlich in private Herkunftsorientierungen verwandeln. Der Erfolg solcher Akkulturationsstrategien ist an eine Offenheit der Einwanderungsgesellschaft gebunden, die Kontaktmöglichkeiten und sozialökonomische Mobilitätschancen für die Migranten bietet.

Grundlegend dazu ist ein Akkulturationsverständnis, das nicht von einer bloßen Anpassung der Minderheitenkulturen an die Mehrheitskultur ausgeht, sondern von einem Interaktionsprozeß, in dem auch die Mehrheitskultur verändert wird. Akkulturation heißt also wechselseitige, wenn auch nicht gleichgewichtige Beeinflussung und Veränderung. Sie bedeutet Annäherung der Minderheiten an die Mehrheitskultur, die aber auch bestimmte Elemente aus den Minderheitenkulturen aufnimmt.

6.2. Politische Empfehlungen

Welche Empfehlungen könnte eine Politikberatung, die sich auf eine Soziologie inter-ethnischer Beziehungen stützt, bei der Entscheidung für bestimmte Strategien gegenüber ethnischer Heterogenität in modernen Gesellschaften geben? Grundlegend ist dazu zunächst eine wichtige Unterscheidung: Es gibt multi-ethnische Gesellschaften, in denen unterschiedliche Ethnizität mit unterschiedlicher, historisch begründeter Territorialität verknüpft ist. Und es gibt Gesellschaften, in denen die ethnische Vielfalt ein Resultat aktueller oder erst kurz zurückliegender Migrationen ist, weshalb klare Beziehungen zwischen Territorialität und Ethnizität dort nicht existieren. Im ersteren Fall würden Assimilierungsversuche durch eine vorherrschende Gruppe als ethnische Unterdrückung und ,kulturelle Vertreibung' begriffen werden.

Einwanderungsgesellschaften, deren ethnische Vielfalt nicht territorial und historisch verfestigt ist, können die Vorteile nutzen, die aus größerer kultureller Gemeinsamkeit erwachsen. Einwanderungsgesellschaften sind nicht nur auf die Integration durch gemeinsame, politische und wirtschaftliche Institutionen (,Systemintegration') angewiesen. Sie können zusätzlich durch Gemeinsamkeiten von Sprache und Kultur und durch den Wegfall ethnischer Grenzziehungen ,Sozialintegration' erleichtern. Bedeutsam sind auch kalkulierbare Effizienzvorteile bei sprachlich-kultureller Gemeinsamkeit – technisch formuliert: Die Informations- und Transaktionskosten sind dabei erheblich geringer als bei ethnisch-kultureller Heterogenität.

Auch im Hinblick auf eine Verbesserung der sozialökonomischen Lage der Minderheiten und die Einleitung von Mobilitätsprozessen kann eine Verfestigung ethnischer Vielfalt problematisch sein: Besonders bei relativer Vollständigkeit der ethnischen Organisierung besteht die Gefahr ethnischer Selbstgenügsamkeit. Sie behindert das für ein Aufbrechen ethnischer Schichtung und für soziale Mobilität notwendige Aufnehmen außerethnischer Kontakte ebenso wie die Qualifizierung für den allgemeinen gesellschaftlichen Wettbewerb.

6.3. Ethnische Vielfalt und gesellschaftlicher Konflikt

Ebenso geläufig wie ängstigend ist die Frage nach dem ethnischer Vielfalt innewohnenden gesellschaftlichen Konfliktpotential. Die bloße Existenz ethnischer Gruppen innerhalb staatlich verfaßter Gesellschaften ist keineswegs ‚automatisch‘ gleichbedeutend mit Konflikt. Sie beinhaltet aber unter bestimmten Bedingungen die Möglichkeit ethnischer Konflikte, die zu den leidenschaftlichsten und gewalttätigsten Konfliktarten gehören. Ethnische Konflikte können besonders dann entstehen, wenn drei Merkmale gleichzeitig auftreten: Machtunterschiede zwischen den Gruppen, eine Ideologie des Ethnozentrismus und Konkurrenz der Gruppen um knappe Güter. Die ersten beiden Bedingungen gibt es in fast allen multiethnischen Gesellschaften. Zur Konkurrenz der Gruppen um knappe Güter hingegen kommt es vorwiegend in sozialökonomischen Krisensituationen und bei kapazitätsüberschreitender Zuwanderung.

Es ist von entscheidender Bedeutung, ethnische Vielfalt

nicht als Schreckensszenario zu erleben und darzustellen, sondern als eine geläufige Übergangsform im Eingliederungsprozeß zu betrachten und zu gestalten. Dafür gibt es drei Leitvorstellungen: 1. Politik und Öffentlichkeit in der Bundesrepublik müssen sich umfassend und eingehend mit den kulturellen Folgen der Einwanderung auseinandersetzen. 2. Eine Politik der ethnischen Toleranz sollte einhergehen mit Akkulturationsstrategien, die vor allem auf die zweite Generation der Einwanderer gerichtet sind. Die Befestigung ethnischer Heterogenität würde die Wahrscheinlichkeit inter-ethnischer Konflikte beträchtlich erhöhen. 3. Akkulturations- und Integrationsbemühungen können nur erfolgreich sein, wenn sich die deutsche Gesellschaft ökonomisch, rechtlich, politisch und sozial den Einwanderern öffnet. Das wird aus infrastrukturellen, ökonomischen und sozialpsychologischen Gründen nur bei einer gesteuerten und begrenzten Zuwanderung möglich sein.

7. Familie, Jugend, Bildungsarbeit

Multikulturelle und -ethnische Strukturen sind in der Bundesrepublik erst relativ spät erkannte Folgeerscheinungen der großen Zuwanderungen seit Mitte der 1950er Jahre. Es waren zunächst einzelne Arbeitskräfte, überwiegend Männer, die seit Mitte der 1950er Jahre für den Arbeitsmarkt in der Bundesrepublik angeworben wurden. Die nachreisenden Frauen und Kinder wurden erst sehr viel später wahrgenommen. Die Anwesenheit der Familien war nicht geplant, das Aufnahmeland nicht darauf vorbereitet. Es fehlte an Infrastruktur, z.B. an Wohnungen und Kindergartenplätzen, an wirksamen sozialen Unterstützungen und pädagogischen Konzepten. Selbst der 1970 vorgelegte Strukturplan des Deutschen Bildungsrates erwähnte die ausländischen Schüler nicht einmal, obwohl es zu dieser Zeit schon rund 3 Millionen ausländische Arbeitskräfte und Familienangehörige in der Bundesrepublik gab.

Probleme aus der Anfangszeit der Arbeitswanderung wirken heute noch nach. In der dritten Generation haben die Kinder der ‚Gastarbeiterkinder' noch immer einen schlechten Stand in der Gesellschaft, deutlich niedrigere Schulabschlüsse, eine geringere Berufsausbildung und ein höheres Arbeitsplatzrisiko als die gleichaltrigen Deutschen. Ethnosoziale Probleme sind damit vorprogrammiert. Die seit den 1980er Jahren in großer Zahl zugewanderten Aussiedler und Flüchtlinge kamen ebenfalls ganz überwiegend oder doch zum großen Teil als Familien. Auch sie stehen vor der Aufgabe, ihre Kinder für ein Leben in einer zunehmend multikulturellen und -ethnischen Gesellschaft zu erziehen. Das deutsche Bildungssystem muß sich auf neue und vielfältige Unterschiede in der Schülerschaft einlassen.

7.1. Irrtümer und Fehler in der Arbeit mit Einwandererfamilien

Das deutsche Bildungs- und Erziehungssystem bietet Kindern und Jugendlichen aus Einwandererfamilien nach wie vor zu wenig Hilfen: Es vermittelt unzureichend Fähigkeiten und Fertigkeiten, die beruflich-sozialen Aufstieg ermöglichen. Es trägt nicht ausreichend bei zu einer Sicherung der Identität, die notwendig ist für ein befriedigendes Leben in einer Einwanderungssituation mit (mindestens) zwei Kulturen und Sprachen. Aber auch deutsche Kinder und Jugendliche wurden durch Familie, Schule und Jugendarbeit nicht hinreichend vorbereitet auf ein Leben in einer multikulturellen und -ethnischen Gesellschaft. Die bisherigen pädagogischen Konzepte und Maßnahmen haben die Distanz zwischen deutschen Kindern bzw. Jugendlichen und Einwanderern kaum verringert. Alle einschlägigen Untersuchungen belegen, daß außerhalb von Schule und Betrieb wenig Verbindendes besteht, die Freizeit überwiegend in der eigenen ethnischen Gruppe verbracht wird. Auch bei und gegenüber Einwanderern, die schon mehrere Jahrzehnte in Deutschland leben, hat die Kontaktbereitschaft oft kaum zugenommen. In den letzten drei Jahren haben sich die Beziehungen sogar noch verschlechtert. Ursachen sind hier freilich gesellschaftliche und rechtliche Probleme.

Aber auch im engeren pädagogischen Bereich hat es Fehler und Irrtümer gegeben, deren Folgen bis heute nachwirken: Ein erster falscher Ansatz war und ist es, Unterricht und Sozialpädagogik dafür einzusetzen, Schüler ausländischer Herkunft einseitig der deutschen Schule und Gesellschaft anzupassen. Solche, auf kompensatorische Erziehung ausgerichtete Vorstellungen beschreiben die Kinder von Einwanderern als defizitär. Sie sind in der pädagogischen Idee der interkulturellen Erziehung längst überholt, beherrschen aber nach wie vor die Praxis. Ein zweiter Fehler bestand darin, daß kein generelles pädagogisches und bildungspolitisches Konzept zum Umgang mit internationaler Mobilität und kultureller Vielfalt entwickelt wurde. Statt dessen wurden für jede neue Einwanderergruppe neue Ad-hoc-Entscheidungen getroffen. Sie führten zu schwer erträglichen Ungleichheiten und verhinderten übergreifende Lösungen. Eine dritte Fehlleistung lag darin, die Bemühungen, die es durchaus gab, auf den Bereich der allgemeinbildenden Schulen zu konzentrieren. Das Verhältnis zwischen den Sozialisationsinstanzen (Familie, Schule, Gleichaltrigengruppe) ‚stimmte' nicht mehr. Das damit aufgeworfene Problem wurde aber nicht als ganzheitliche Gestaltungsaufgabe begriffen. Insbesondere fand die Tatsache kaum Berücksichtigung, daß wesentliche Bildungs- und Erziehungsleistungen in der Einwandererfamilie und, gegebenenfalls, in der ethnischen ‚Kolonie' erbracht wurden und erbracht werden müssen, daß nur durch Kooperation Probleme begrenzt und Erfolge erzielt werden können.

7.2. Erziehung für eine multikulturelle Gesellschaft

Erziehung und Bildung für ein Zusammenleben in einer multikulturellen Gesellschaft erstreben zweierlei: die Schaffung von Entwicklungschancen für alle Teilgruppen, d.h. auch für die Einwanderer, und die Einübung in Formen des Miteinanderumgehens von Mehrheit und ethnokulturellen Minderheiten. Wird das erste Ziel verfehlt, besteht die Gefahr, daß die Einwanderer ihren Migrantenstatus vererben. Der Proletarisierungsprozeß, der für die Mehrheit der Kinder und Kindeskinder der Arbeitsmigranten von damals bereits begonnen hat, würde sich verstärken. Wird das zweite Ziel verfehlt, wird also im – Generationen übergreifenden – Eingliederungsprozeß nicht in allen Gruppen schrittweise ethnozentrisches Denken aufgebrochen, wäre der innere Friede in Deutschland gefährdet.

Auf dem Weg zu diesen beiden Zielen sind tiefgreifende Veränderungen in der Reflexion und Gestaltung des Eingliederungsprozesses notwendig: Nötig für das erste Ziel ist eine öffentliche Diskussion um Bildungsrechte für

Minderheiten und um die Kontrolle von Chancengleichheit im Bildungssystem. Darüber hinaus ist es notwendig, in allen Bildungseinrichtungen ausschließlich national bestimmte Konzepte zu überwinden und zu interkulturellen Ansätzen zu finden. Kleine, aber wesentliche Schritte in diese Richtung sind die Einbeziehung der Einwanderer in die Europäisierung des Bildungswesens und die Anerkennung der Bedeutung ihrer Sprachen und Kulturen für die Europäische Gemeinschaft.

Das zweite Ziel verlangt zunächst die Stärkung der Sozialisationskraft der Familien von Mehrheit und eingewanderten Minderheiten. Die deutschen Familien müssen stärker als bisher befähigt werden, ihre Kinder auf eine Gesellschaft vorzubereiten, in der Menschen aus verschiedenen Kulturen und Ethnien auf Dauer miteinander leben werden. Die Einwandererfamilien müssen in die Lage versetzt werden, ihre Kinder trotz mehr oder minder starker Isolation und von der Majorität abweichender Normen und Werte darauf vorzubereiten, den Eingliederungsprozeß und damit verbundene Konflikte zu bewältigen.

Die Familien alleine können diese Aufgaben aber nicht erfüllen. Notwendig ist deshalb eine (Neu-)Bestimmung des Verhältnisses der Sozialisationsinstanzen: Die Schule sollte nicht nur als Unterrichtsanstalt, sondern verstärkt auch als Sozialisationsfaktor wirken. Eine die Werte der Familien berücksichtigende Jugendarbeit muß Grenzen zwischen Einwanderern und Deutschen aufbrechen und Verbindungen schaffen, auch den Zugang der Einwanderer zu deutschen (Beratungs-)Einrichtungen erleichtern. Bei anhaltender Zuwanderung müssen Familien und Bildungseinrichtungen fähig werden, sich auf stets neue Einwanderergruppen mit unterschiedlichen Orientierungen und Voraussetzungen einzustellen und mit ihnen umzugehen. Nötig dazu ist die institutionalisierte Zusammenarbeit zwischen bislang getrennten Institutionen.

Solche Veränderungen im pädagogischen Bereich, in Sozialisationsinstanzen und Bildungseinrichtungen erfordern eine auf Einwanderung ausgerichtete Politik und eine Sicherung des Rechtsstatus der Einwandererfamilien. Dies ist zugleich Voraussetzung und Bedingung für eine bessere Akzeptanz der Einwanderer in einer multikulturellen und -ethnischen Gesellschaft.

8. Minderheiten, Volksgruppen, Ethnizität und Recht

8.1. Bestandsaufnahme

Die Begriffe ‚Minderheit‘ und ‚Volksgruppe‘ werden in der Rechtssprache ohne allgemeingültige Definition verwendet. Bei den Vorarbeiten für eine weltweite Minderheitenschutzkonvention bemühte sich die Menschenrechtskommission der Vereinten Nationen jahrzehntelang um die Definition des Begriffs der Minderheit und mußte dieses Projekt schließlich aufgeben. Als Volksgruppen werden ethnische und nationale Minderheiten bezeichnet, wobei in der Regel kein Unterschied zwischen den beiden Fallgruppen gemacht wird. Der traditionelle völkerrechtliche Minderheitenbegriff wiederum umfaßt neben ethnischen und nationalen auch religiöse und sprachliche Minderheiten.

Wesentlich für das Verständnis der völkerrechtlichen Problematik ist, daß der völkerrechtliche Minderheiten-/

Volksgruppenschutz nur Staatsangehörige desjenigen Staates erfaßt, auf dessen Gebiet die betreffende Gruppe ansässig ist. Alle anderen Angehörigen von Minderheiten genießen den diplomatischen Schutz ihres Heimatstaates und besitzen im Aufenthaltsland den Rechtsstatus von Ausländern. Als solchen stehen ihnen die Menschenrechte zu, wie sie in internationalen Instrumenten und im Grundgesetz für die Bundesrepublik Deutschland verbrieft sind.

8.2. Handlungsbedarf und Handlungsspielräume

Der Begriff der Staatsangehörigkeit ist ein juristischer Terminus ohne ethnische Dimension. Er ist erst im 19. Jahrhundert entstanden. Seine Verbindung mit dem Nationalstaatsprinzip hat sich in der europäischen Geschichte als verhängnisvoll erwiesen; denn das Nationalstaatsprinzip läßt sich in Europa, das durch ethnische Gemengelagen, verzahnte Sprachgrenzen und Sprachinseln gekennzeichnet ist, nicht verwirklichen. Die nationalstaatliche Ordnung hat daher im Grunde zu keiner Zeit den europäischen Gegebenheiten entsprochen. Am Ende des 20. Jahrhunderts ist sie vollends anachronistisch geworden. Alle wirtschaftlichen, politischen und sozialen Entwicklungen – Migration ist nur eine davon – machen eine Neuordnung des Zusammenlebens der Völker und Volksgruppen erforderlich. Diese Neuordnung hat schon begonnen.

Noch immer freilich bilden Nationalstaaten die Grundeinheiten des internationalen Systems. Noch immer werden Volk, Gebiet und Staatsgewalt als die drei konstitutiven Begriffselemente des Staates betrachtet. Deshalb spielt die Staatsangehörigkeit – trotz der weitgehenden rechtlichen Gleichstellung von Inländern und Ausländern im privaten und öffentlichen Recht – auch weiterhin eine existentielle Rolle für die Staaten. Diesen Gegebenheiten muß bei der Suche nach neuen Organisationsformen Rechnung getragen werden. Sie begrenzt in der gegenwärtigen Übergangsphase die zur Verfügung stehenden Handlungsspielräume.

8.3. Gestaltungsperspektiven und Optionen

Minderheiten- und Volksgruppenrechte sollen dazu beitragen, die Probleme zu lösen, die sich aus der Undurchführbarkeit des Nationalstaatsprinzips in Europa ergeben haben. Diese juristischen Instrumente jedoch fassen das Problem nicht an der Wurzel; denn den multiethnischen Gegebenheiten dieses Kontinents kann letztlich nur eine anationale oder supranationale Organisationsform gerecht werden, die an jahrhundertealte europäische Rechtstraditionen anknüpfen könnte. Sie im Zuge der europäischen Integration zu schaffen, sollte langfristig zu den vorrangigen Zielen der europäischen Einigung gehören. Der Regionalismus könnte bei der Verwirklichung dieses Konzepts unterstützend eingesetzt werden. In der Übergangsphase aber müssen die Minderheiten- und Volksgruppenrechte verstärkt werden.

Der Gedanke des Minderheitenschutzes ist durch das Versagen des Völkerbunds nach dem Ersten Weltkrieg auf diesem Gebiet in Verruf geraten. Außerdem sind die Gruppenrechte in den ersten Jahrzehnten nach dem Zweiten Weltkrieg zugunsten der individuellen Menschenrechte in den Hintergrund getreten. Heute aber ist weltweit eine allgemeine Rückbesinnung auf Gruppenrechte zu verzeichnen. Art. 27 des 1976 in Kraft getretenen ‚Internationalen Pakts über bürgerliche und politische Rechte' wird als ein erster Ansatz hierfür gesehen, der durch zahlreiche weitergehende völkerrechtliche Instrumente vertieft wurde. Auf europäischer Ebene haben indes starke Widerstände eine verbindliche Regelung bis heute verhindert. Die Bemühungen um eine solche Regelung verdienen Unterstützung, auch wenn sie als unzureichend angesehen werden müssen, nicht zuletzt wegen der Begrenzung auf Staatsangehörige der Territorialstaaten, die nur historisch zu verstehen ist.

Die Frage, ob und unter welchen Voraussetzungen zugewanderte Minderheiten/Volksgruppen in den Genuß eines innerstaatlichen und völkerrechtlichen Gruppenschutzes gelangen können, muß noch geklärt werden. Völlig außerhalb der Begriffswelt des geltenden Völker- und Staatsrechts stehen nichtseßhafte Volksgruppen wie Sinti und Roma, weil Völker- und Staatsrecht von der Seßhaftigkeit ausgehen. Ihr Schutz verlangt daher besondere Normierungen, die noch gefunden werden müssen.

Ein weiteres Sonderproblem bilden ethnische Gruppen, die nicht in geschlossenen Siedlungsgebieten leben. Bei ihnen hilft auch das traditionelle Instrument der territorialen Autonomie nicht. Die Völkerrechtswissenschaft hat hierzu aber schon vor längerer Zeit den Begriff der personalen Autonomie entwickelt. Sie ermöglicht einen Gruppenschutz auch ohne geschlossenes Siedlungsgebiet. Das Konzept ist in gemischt besiedelten Gebieten Österreich-Ungarns (z. B. in Mähren seit 1905, in der Bukowina seit 1910) mit Erfolg praktiziert worden. Die Gefahr des Separatismus, die von Gegnern der Minderheiten- bzw. Volksgruppenrechte und des Selbstbestimmungsrechts der Völker hervorgehoben zu werden pflegt, kann gerade durch die Gewährung von Gruppenrechten vermindert werden.

9. Migrationspolitik und Zuwanderungsrecht, Staatsbürgerschaft und Integration

9.1. Bestandsaufnahme

Im grenzüberschreitenden Wanderungsgeschehen der letzten Jahrzehnte ist die Bundesrepublik Deutschland längst zu einem Einwanderungsland geworden, wenn auch nicht im Sinne der ‚klassischen' überseeischen Einwanderungsländer. Die Zuwanderung selbst beruht auf unterschiedlichen Rechtsnormen, die teilweise im Verfassungsrecht, im Völker- und Vertragsrecht, im europäischen Recht, im EG-Recht und in Regierungsabkommen verankert sind. Diese Vielfalt der Rechtsnormen führt zu Unterschieden im rechtlichen Status der Zuwanderer. Hinzu kommen verschiedene Vorstellungen in der Politik auf der Ebene der Bundesländer. Diese Vorstellungen waren und sind weitgehend konzeptionslos. Sie haben nicht umfassend dem Umstand Rechnung getragen, daß Deutschland faktisch ein Einwanderungsland geworden ist, das allerdings keine aktive Einwanderungspolitik betreibt. Dies muß sich ändern.

9.2. Handlungsbedarf und Handlungsspielräume

Aus dem geltenden Ausländerrecht spricht überwiegend die Ordnungs- und Sicherungsfunktion und nicht die Gestaltungs- und Befriedungsfunktion des Rechts. Erst angesichts des Anstiegs der Zuwanderung und der ausländerfeindlichen Ausschreitungen häuften sich Forderungen nach politischen Reaktionen auf die Zuwanderung und ihre sozialen Folgen. Der rechtliche Handlungsbedarf hat unübersehbare Gründe. Dazu zählen insbesondere die starke Ausländerbevölkerung, die schon lange innerhalb der deutschen Grenzen lebt, die Bevölkerungsentwicklung in Deutschland und in der Europäischen Gemeinschaft, der – trotz Abnahme der Asylanträge – anhaltende Zuwanderungsdruck auf Deutschland und andere Staaten der Europäischen Gemeinschaft, aber auch die zu erwartenden Wanderungsbewegungen im Europäischen Binnenmarkt.

Das Ausländerrecht darf in diesem Zusammenhang nicht länger als Instrument zur Verhinderung von Zuwanderung eingesetzt werden. Es hat vielmehr den durch die Entwicklungen der letzten Jahrzehnte eingetretenen Wandel aktiv zu gestalten. Gefordert ist also eine aktive Zuwanderungspolitik und damit eine Umgestaltung des gesamten Ausländerrechts. Gleichzeitig muß das Recht zur Erhöhung der Rechtssicherheit der ausländischen Minderheiten und zur Gestaltung des Zusammenlebens mit der einheimischen Mehrheit dienen.

9.3. Gestaltungsperspektiven und Optionen

Verfassungs-, europa- und völkerrechtliche Vorgaben beschränken die Handlungsspielräume des nationalen Gesetzgebers. Überdies ist im demokratischen Staat das ‚Ob' und ‚Wie' rechtlicher Reaktionen des Staates auf gesellschaftliche Veränderungen ohnehin immer nur als Ergebnis des Ausgleichs widerstreitender Interessen möglich. Insgesamt müssen folgende Bereiche neu gestaltet werden:

Einwanderung: Auf nationaler und europäischer Ebene ist zu prüfen, wie die wirtschaftlich motivierte Zuwanderung durch Einwanderungsgesetzgebung in geregelte Bahnen gelenkt werden kann. Illegale Zuwanderung ist zwar auch damit nicht zu verhindern, aber vielleicht zu verringern. Jährliche Quoten und konkrete Anforderungsprofile tragen zur Berechenbarkeit der Zuwanderung bei. Ängste der einheimischen Wohnbevölkerung können durch aktive Gestaltung abgebaut werden.

Staatsangehörigkeit und Staatsbürgerrechte: Der Erwerb der deutschen Staatsangehörigkeit ist zu erleichtern. Als rechtliches Band zwischen Individuen und Staat sollte jedem legal Zugewanderten, der auf Dauer in der Bundesrepublik Deutschland bleiben will, nach einer Aufenthaltsdauer von fünf Jahren ein Anspruch auf Einbürgerung eingeräumt werden. Eine hierdurch eintretende Doppel-/Mehrstaatigkeit darf, trotz schwieriger internationaler Rechtsfragen, kein Hinderungsgrund sein. Nur durch den Erwerb der Staatsangehörigkeit wird der Einwanderer zu einem gleichberechtigten Mitglied der staatlich verfaßten Gesellschaft. Außerdem ist erneut zu prüfen, ob Zuwanderer nicht vor der Einbürgerung bereits einzelne staatsbürgerliche Rechte – wie z.B. das kommunale Wahlrecht – erhalten sollten. Für Staatsangehörige der Europäischen Gemeinschaft ist dies im EG-Vertrag vorgesehen. Das Grundgesetz ist dafür schon geändert worden.

Integration: Im Sozial- und Berufszulassungsrecht müssen integrationshemmende durch integrationsfördernde Vorschriften ersetzt werden. Verstärkte Anstrengungen im Bildungswesen erleichtern die Eingliederung und fördern in der Aufnahmegesellschaft das Verständnis für die Probleme der Einwanderer. Die Eingliederungsmaßnahmen sollten sich an den bewährten Vorgaben bei der Integration von Flüchtlingen, Vertriebenen und Aussiedlern bzw. Spätaussiedlern orientieren. Die unterschiedliche Behandlung von Inländern und Ausländern durch das Grundgesetz – etwa bei Berufsfreiheit oder Freizügigkeit – hindert den einfachen Gesetzgeber nicht, Ausländern eine Stellung zu verschaffen, die über den gegenwärtigen Rechtszustand hinausgeht. Wünschenswert ist die rechtliche Gleichstellung, insbesondere in einem Antidiskriminierungsgesetz, auch wenn dies faktische Diskriminierungen nicht verhindern kann.

10. Das Ende der Lebenslügen: Plädoyer für eine neue Einwanderungspolitik

10.1. Von der ‚realexistierenden‘ zur formellen Einwanderungspolitik

Einwanderungspolitik im weitesten Sinne umfaßt alle staatlichen Maßnahmen und gesellschaftlichen Initiativen, die grenzüberschreitende Wanderungsprozesse konsensfähig und effektiv zu steuern suchen. Das kann in Deutschland auf verschiedene Weise geschehen, implizit oder explizit:

Eine erste Möglichkeit wäre eine Fortsetzung des bisherigen, ‚liberal‘ akzeptierten Sickerprozesses. Die staatliche (Nicht-)Entscheidung bestand dabei darin, Einwanderung zwar nicht ausdrücklich zu fördern, aber geschehen zu lassen, und sich mit dem Ergebnis ‚ausländerpolitisch‘ auseinanderzusetzen. Dies geschieht restriktiv gegenüber der Ausländerbevölkerung aus Nicht-EG-Ländern; denn ein großzügiges Niederlassungsrecht bis hin zur Einbürgerung der eingewanderten Familien besteht nur für ‚EG-Europäer'. Auf diese Weise vollzieht sich Einwanderung ohne aktive, planende Gestaltung des Aufnahmelandes – und der Einwanderer selbst. Auch sie erkennen sich erst in dem Moment als Einwanderer, in dem sie um die deutsche Staatsangehörigkeit nachsuchen, sofern sie eine reale Chance dazu haben. Ergebnis sind Unübersichtlichkeit und Unsicherheit auf beiden Seiten und nicht zuletzt auch Spannungen zwischen beiden Seiten.

Die Alternative besteht in formeller gesetzlicher Regelung und Institutionalisierung der Einwanderung im Rahmen einer Gesamtkonzeption mit klar abgesteckten Handlungsspielräumen und Zielvorstellungen. Danach ist festzulegen, wieviele und welche Einwanderer kommen sollen. Geeignete Instrumente zur sozialen Integration sind bereitzustellen. Der Vorteil einer vorausschauenden Einwanderungspolitik liegt darin, daß ein konfliktbeladener, für populistische Kampagnen geeigneter Prozeß entdramatisiert, also durch staatliche Planung und Regelung ‚normalisiert' wird. Es wird transparent und kontrollierbar, wieviele Einwanderer jährlich ins Land kommen und was arbeitsmarkt- und sozialpolitisch für ihre Eingliederung getan werden muß.

Dies geschieht derzeit nur in bezug auf deutschstämmige Aussiedler aus Osteuropa. Diese ‚realexistierende' deutsche Einwanderungspolitik hat, im Unterschied zu derjenigen anderer Staaten, ein ethnisches Privileg. Die politische Frage ist, ob im Hinblick auf die kaum abwendbare Überalterung der deutschen Bevölkerung in großem Umfang auch eine Öffnung für nicht-deutsche Gebietsfremde vorzusehen ist, wenn der Zustrom deutschstämmiger Aussiedler versiegt sein wird.

Gegen eine vorausschauende Einwanderungspolitik wendet sich eine wachsende, militante ‚Anti-Immigrations-Partei' an den Wahlurnen, auf den Straßen und an den Stammtischen. Läßt man indes die in Umlauf gesetzten Horrorgemälde von Überfüllung und Überfremdung beiseite, dann spricht vieles für eine vorsorgende und ganzheitliche Politik der Öffnung für Einwanderung. Auch wenn Einwanderung in größerem Stil erst nach der Jahrtausendwende geboten sein sollte, sind dafür bereits jetzt die notwendigen gesetzlichen, institutionellen und nicht zuletzt psychologischen Voraussetzungen zu schaffen.

10.2. Wanderungssteuerung durch Einwanderungspolitik

Einwanderer im strengen Sinne sind Personen, die – im Gegensatz zu Flüchtlingen bzw. Asylsuchenden – aus freien Stücken in die Bundesrepublik einreisen, um hier auf Dauer ihren Lebensmittelpunkt zu finden. Dabei gibt es in der Wirklichkeit oft fließende Grenzen zwischen Aufenthaltswünschen mit offenem Zeithorizont und dauerhafter Bleibeabsicht. Das galt auch für das Gros der 1955–1973 angeworbenen ‚Gastarbeiter' und ihre Familien, die heutigen ‚Altfälle' einer nicht erkannten und nicht anerkannten Einwanderung. Motive von Einwanderern können so klar auch nur abstrakt von denen der Asylbewerber und Flüchtlinge unterschieden werden. Obgleich es auch hier in der Wirklichkeit vielerlei Überschneidungen gibt, ist diese Trennung doch unverzichtbar für die Formulierung einer künftigen Einwanderungs- und Flüchtlingspolitik.

Einwanderungspolitik ist nicht zu verwechseln mit humanitärer Entwicklungshilfe, wenngleich sie die Folgen der eigenen Reglements für Herkunftsländer von Einwanderern stets im Auge behalten muß. Sie setzt vielmehr die klar formulierten Interessen des Einwanderungslandes (z. B. an der Ausfüllung demographischer Lücken, am Ausgleich sozialpolitischer Defizite, an geeigneten Arbeitskräften usw.) an die erste Stelle und dann in Beziehung zu den Bedürfnissen potentieller Einwanderer im Rahmen der gültigen Verfassungs- und Menschenrechtsstandards. Das Einwanderungsland bestimmt also die Konditionen der Einwanderung – mit der Fixierung der Kontingente bzw. Quoten ebenso wie mit der Verbindlichkeit seiner Verfassungsordnung. Für eingewanderte Personen aber muß es ein Höchstmaß an politischer Gleichstellung, sozialer Integration und kultureller Autonomie gewähren. Staatsbürgerliche Inklusion ist unabdingbar, wenn Einwanderung nicht das gesellschaftliche Konfliktpotential erhöhen soll: Obsolet ist deshalb eine ,Einwanderungspolitik', die nur Zuwanderung regelt, ohne politische Zugehörigkeit und Teilhabe zu garantieren.

Die künftige Einwanderung ist nach Größenordnung (Kontingente), Zusammensetzung und Herkunft (Quoten) zu bestimmen. Die Höhe der jährlichen Einwanderung (durch Familiennachzug und Aussiedlerzuwanderung derzeit rund 350 000 Personen) ist in bundesgesetzlich definierten Handlungsspielräumen je nach Bevölkerungs- und Wirtschaftsentwicklung kurz- und mittelfristig festzulegen. Einwanderer haben ihre Anträge grundsätzlich vom Ausland aus zu stellen. Übersteigt die Zahl der Anträge das vorgesehene Kontingent, muß über geeignete Verfahren (Punktesystem) nach den Kriterien von Herkunft (bei Familiennachzug im engeren Sinne), Qualifikation und Alter der Bewerber gewichtet werden. Personen, die einen Asylantrag gestellt haben, sollten erst nach einer angemessenen Frist als Einwanderer Berücksichtigung finden können. Nötig ist eine Abgleichung (aber nicht

‚Verrechnung') mit Asylbewerbern, Kontingentflüchtlingen und Übersiedlungen von europäischen ‚Unionsbürgern'. In Zuwanderungsfragen soll indes nicht allein die Arbeitsmarktlage den Ausschlag geben. Es müssen – jenseits von Flüchtlings- und Entwicklungshilfe im engeren Sinne – auch in der Einwanderungspolitik selbst humanitäre Aspekte Berücksichtigung finden.

Im Zentrum der Einwanderungspolitik sollte eine leitende exekutive und konzeptuell tätige Behörde stehen, möglichst ein Bundesministerium für Migration, Integration und multikulturelle Angelegenheiten. Es bündelt die bisher in verschiedenen Ressorts (Ministerien des Inneren, für Arbeit und Sozialordnung, der Justiz) verstreuten Aufgaben und koordiniert sie mit den Ländern und Gemeinden. Hinzu kommt die Abstimmung auf europäischer Ebene; denn Einwanderungspolitik im nationalen Alleingang ist in Europa nicht mehr vorstellbar.

Die Leistungsfähigkeit von Einwanderungspolitik ist letztlich an zwei hochbrisanten Indikatoren ablesbar: einerseits am Umfang der illegalen Einwanderung und damit an der Fähigkeit des Staates, die beanspruchte Steuerung praktisch durchzusetzen; andererseits am Ausmaß der gegen Einwanderung gerichteten Agitation; denn es geht bei der Einwanderungspolitik nicht nur um Steuerung, sondern auch um Legitimation. Einwanderungspolitik kann nicht gegen die einheimische Bevölkerung gemacht werden. Weil Einwanderungspolitik Legitimationsprobleme aufwirft, muß sie konsensfähig sein und bedarf deshalb der aktiven Werbung in der Aufnahmegesellschaft. Nötig dazu ist der Abschied von den Horrorgemälden und die pragmatische Erschließung eines zu lange vernachlässigten politischen Gestaltungsbereichs.

* * *

Die Herausforderungen auf nationaler Ebene sind mit denen auf europäischer und globaler Ebene verschränkt. In diesem Manifest war von Perspektiven für Deutschland die Rede. Europäische Aufgaben vor globalem Hintergrund wurden nur in Rahmenbezügen gestreift. Europa hat nicht nur die Chance, sondern auch genügend Gewicht in Weltpolitik und Weltwirtschaft, um in den Herkunftsregionen der auf Europa gerichteten Wanderungsströme die Lebensbedingungen zu verbessern und den Wanderungsdruck zu verringern. Es geht nicht nur um das wirtschaftliche Können, sondern auch um das politische Wollen. Solche Fähigkeiten zu solidarischem und präventivem Handeln können freilich nicht ohne Veränderungen in Werthaltungen, Lebens- und Konsumstilen in den europäischen Gesellschaften entstehen. Dieser Lernprozeß muß in der eigenen Gesellschaft beginnen.

Eine Festungsmentalität und ein Festhalten an eigenen Vorteilen, die andernorts migrationsfördernde Lebensbedingungen erzeugen, sind auch im langfristigen Eigeninteresse kontraproduktiv. Es geht in Deutschland und Europa nicht nur um globalen Altruismus, sondern um Einsichten in dieses Eigeninteresse und um die politische Klugheit, daraus rechtzeitig Konsequenzen zu ziehen. Noch läßt die Migrationspolitik in Deutschland und Europa diese Klugheit vermissen – langfristig zum eigenen Schaden.

Die Autoren

Prof. Dr. Klaus J. Bade, Neueste Geschichte, Direktor des Instituts für Migrationsforschung und Interkulturelle Studien (IMIS) der Universität Osnabrück.

Prof. Dr. Ursula Boos-Nünning, Ausländerpädagogik, Stellv. Leiterin des Instituts für Migrationsforschung, Ausländerpädagogik und Zweitsprachendidaktik (IMAZ) der Universität/GH Essen.

Prof. Dr. Friedrich Heckmann, Soziologie, Leiter des Europäischen Forums für Migrationsstudien (EFMS) an der Universität Bamberg.

Prof. Dr. Claus Leggewie, Politikwissenschaft, Universität Gießen.

Prof. Dr. Otto Kimminich, Öffentliches Recht, Universität Regensburg.

Prof. Dr. Meinhard Miegel, Direktor des Instituts für Wirtschaft und Gesellschaft (IWG), Bonn.

Prof. Dr. Rainer Münz, Demographie, Humboldt-Universität Berlin.

Prof. Dr. Dieter Oberndörfer, Politikwissenschaft, Universität Freiburg i. Br., Direktor des Arnold-Bergstraesser-Instituts.

Prof. Dr. Peter J. Opitz, Politikwissenschaft, Leiter der Forschungsstelle Dritte Welt am Geschwister-Scholl-Institut der Universität München.

Prof. Dr. Michael Wollenschläger, Öffentliches Recht und Sozialrecht, Universität Würzburg, Präsident des Wiss. Beirates der Forschungsgesellschaft für das Weltflüchtlingsproblem (AWR).

Die Mitunterzeichner

Prof. Dr. Hermann Bausinger, Ludwig-Uhland-Institut für empirische Kulturwissenschaft, Universität Tübingen.

Prof. Dr. Wolfgang Benz, Neuere Geschichte, Leiter des Zentrums für Antisemitismusforschung, Technische Universität Berlin.

Prof. Günter Bierbrauer, Ph.D., Sozial-, Rechts- und Interkulturelle Psychologie, Universität Osnabrück.

Prof. Dr. Herwig Birg, Direktor des Instituts für Bevölkerungsforschung und Sozialpolitik, Universität Bielefeld.

Prof. Dr. Bernhard Blanke, Institut für Politische Wissenschaft, Universität Hannover.

Dr. Jochen Blaschke, Leiter des Berliner Instituts für Vergleichende Sozialforschung (BIVS).

Prof. Dr. Hans-Georg Bohle, Direktor am Institut für Kulturgeographie, Universität Freiburg i. Br.

Prof. Dr. Dr. Karl Martin Bolte, Institut für Soziologie, Universität München.

Prof. Dr. Micha Brumlik, Erziehungswissenschaften, Universität Heidelberg.

Prof. Dr. Brun-Otto Bryde, Öffentliches Recht und Wissenschaft von der Politik, Universität Gießen.

Prof. Dr. Friedrich Buttler, Direktor des Instituts für Arbeitsmarkt- und Berufsforschung der Bundesanstalt für Arbeit, Nürnberg.

Prof. Dr. Eberhard Eichenhofer, Bürgerliches Recht und Sozialrecht, Universität Osnabrück.

Prof. Dr. Hartmut Esser, Soziologie und Wissenschaftslehre, Universität Mannheim.

Prof. Dr. Jürgen Fijalkowski, Politikwissenschaft, Leiter der Forschungsstelle Arbeitsmigration, Flüchtlingsbewegungen und Minderheitenpolitik, Freie Universität Berlin.

Prof. Dr. Günter Frankenberg, Rechtswissenschaften, Institut für Sozialforschung, Universität Frankfurt a. M.

Prof. Dr. Peter Graf, Interkulturelle Pädagogik, Universität Osnabrück.

Prof. Dr. Gerhard Grohs, Institut für Ethnologie und Afrika-Studien, Universität Mainz.

Prof. Dr. Dr. Reimer Gronemeyer, Institut für Soziologie, Universität Gießen.

Prof. Dr. Ingrid Haller, Migrationssoziologie, Interkulturelles Lernen, Universität/GH Kassel.

Prof. Dr. Wilhelm Heitmeyer, Pädagogik, Interdisziplinäre Forschungsgruppe für multi-ethnische Konflikte, Universität Bielefeld.

Priv. Doz. Dr. Ulrich Herbert, Neuere Geschichte, Wiss. Direktor der Forschungsstelle für die Geschichte des Nationalsozialismus in Hamburg.

Prof. Dr. Dirk Hoerder, Neuere Geschichte, Universität Bremen.

Prof. Dr. Diether Hopf, Max-Planck-Institut für Bildungsforschung, Berlin.

Prof. Dr. Wolfgang Huber, Systematische Theologie (Ethik), Universität Heidelberg.

Prof. Dr. Arthur E. Imhof, Historische Demographie, Freie Universität Berlin.

Prof. Dr. Heiko Körner, Wirtschaftspolitik, Technische Hochschule Darmstadt.

Prof. Dr. Hermann Korte, Institut für Soziologie, Universität Hamburg.

Prof. Dr. Reinhard Kreckel, Soziologie, Universität Halle-Wittenberg.

Prof. Dr. Marianne Krüger-Potratz, Leiterin der Arbeitsstelle Interkulturelle Studien/Ausländerpädagogik, Universität Münster.

Prof. Dr. Rainer Mackensen, Institut für Soziologie, Technische Universität Berlin.

Prof. Dr. Max Matter, Institut für Kulturanthropologie und Europäische Ethnologie, Universität Frankfurt a. M.

Dr. Ursula Mehrländer, Leiterin der Abt. Arbeits- und Sozialforschung des Forschungsinstituts der Friedrich-Ebert-Stiftung, Bonn.

Prof. Dr. Bernhard Nauck, Soziologie, Technische Universität Chemnitz-Zwickau.

Prof. Dr. Aylâ Neusel, Soziologie, Wiss. Zentrum für Berufs- und Hochschulforschung, Universität/GH Kassel.

Prof. Dr. Franz Nuscheler, Politikwissenschaft, Leiter des Instituts für Entwicklung und Frieden (INEF), Universität/GH Duisburg.

Prof. Dr. Dr. Els Oksaar, Institut für allgemeine Sprachwissenschaft und Indogermanistik, Universität Hamburg.

Prof. Dr. Christian Pfeiffer, Leiter des Kriminologischen Forschungsinstituts Niedersachsen, Hannover.

Prof. Dr. Ulrich K. Preuß, Öffentliches Recht und Verwaltungswissenschaften, Zentrum für europäische Rechtspolitik (ZERP), Universität Bremen.

Prof. Dr. Dr. Trutz Rendtorff, Institut für systematische Theologie, Universität München.

Prof. Dr. Dr. Horst-Eberhard Richter, Leiter des Sigmund Freud Instituts, Frankfurt a. M.

Prof. Dr. Helmut Rittstieg, Öffentliches Recht, Universität Hamburg.

Prof. Dr. Dr. Bert Rürup, Finanzwissenschaft, Institut

für Volkswirtschaftslehre, Technische Hochschule Darmstadt.

Prof. Dr. Wolfram Schüffel, Zentrum für Innere Medizin, Abt. Psychosomatik, Universität Marburg.

Prof. Dr. Axel Schulte, Institut für Politische Wissenschaft, Universität Hannover.

Prof. Dr. Faruk Şen, Direktor des Zentrums für Türkeistudien, Universität/GH Essen.

Prof. Dr. György Széll, Soziologie, Universität Osnabrück.

Prof. Dr. Dietrich Thränhardt, Institut für Politikwissenschaft, Universität Münster.

Prof. Dr. Albrecht Weber, Öffentliches Recht, Institut für Europarecht, Universität Osnabrück.

Prof. Dr. Werner Weidenfeld, Institut für Politikwissenschaft, Universität Mainz.

Priv. Doz. Dr. Manfred Wöhlcke, Stiftung Wissenschaft und Politik, Ebenhausen.

Erläuternde Beiträge

1. Tabu Migration: Belastungen und Herausforderungen in Deutschland

Von Klaus J. Bade

In den gesellschaftlichen Spannungsfeldern von Migration, Integration und Minderheiten gibt es im vereinigten Deutschland verwandte Probleme, ein gemeinsames historisches Erbe, aber verschiedene zeitgeschichtliche Erfahrungen. Und es gibt Zusatzbelastungen durch den Vereinigungsprozeß in einer neuen Einwanderungssituation, in der sich nicht nur Deutsche und Ausländer oder Einheimische und Fremde begegnen, sondern auch einheimische Ausländer und fremde Deutsche.

1.1. Von Aus- zu Einwanderungsfragen

Im internationalen Wanderungsgeschehen haben sich für Deutschland im Verlauf der letzten 100 Jahre die Bewegungen und die damit verbundenen Probleme geradewegs umgekehrt. Im 19. Jahrhundert schrieben die Deutschen im Saldo ihrer Wanderungsbilanz rote Zahlen: Die Auswanderung übertraf bei weitem die Einwanderung. Deutschland hat zwar bis in die Gegenwart nie aufgehört, in geringem Umfang auch Auswanderungsland zu sein; aber der großen Linie nach hat sich das ‚klassische' Auswanderungsland des 19. Jahrhunderts längst in ein Einwanderungsland neuen Typs verwandelt. Die Bundesrepublik Deutschland schreibt in ihrer Wanderungsbilanz schon seit 1957 schwarze Zahlen und hat seit den späten 1980er Jahren insgesamt mehr Zuwanderer aufgenommen als die beiden ‚klassischen‘ überseeischen Einwanderungsländer Kanada und Australien zusammen. Rund 5 Millionen Deutsche wanderten im 19. Jahrhundert allein in die Vereinigten Staaten aus. Anfang der 1890er Jahre kam der Umbruch von der transatlantischen Auswanderung zum kontinentalen Arbeitskräfteimport: 1893 endete die letzte Hochflut der säkularen transatlantischen Massenbewegung, die 1880–93 fast 1,8 Millionen Deutsche in die Vereinigten Staaten brachte. Mit dem Auslaufen der säkularen überseeischen Massenauswanderung und dem wachsenden Zustrom ‚ausländischer Wanderarbeiter‘ im kaiserlichen Deutschland begann eine erste Entwicklungsstufe auf dem langen Weg vom ‚klassischen‘ Auswanderungsland zum modernen Einwanderungsland.

Seit dem Ende des Zweiten Weltkrieg hat sich diese Entwicklung im westlichen Deutschland enorm beschleunigt: Rund 15 Millionen Flüchtlinge und Vertriebene, Übersiedler und Aussiedler kamen seither ins westliche Nachkriegsdeutschland und in die Bundesrepublik, in der am Vorabend der deutschen Vereinigung auch eine rund 5,2 Millionen (1993: 6,8 Millionen) Menschen zählende Ausländerbevölkerung lebte. Die Geschichte der westlichen Industriestaaten kennt in der zweiten Hälfte dieses Jahrhunderts keine vergleichbaren Dimensionen.

Die Gestaltung von Einwanderungsfragen könnte durch die Erinnerung an die reiche historische Erfahrung der Deutschen mit Wanderungen erleichtert werden – und wird doch zugleich durch historische Erinnerung erschwert: Es gibt ein über Teilung und Vereinigung hinweg nachwirkendes, gemeinsames historisches Erbe der Deutschen, das heute noch oft die Handlungsfähigkeit in den gesellschaftlichen Gestaltungsbereichen von Migration, Integration und Minderheiten lähmt. Historischer Hintergrund war der – nicht lineare, aber erkennbare – Weg von der völkisch-romantisch verklärten Abgrenzung vom ‚Fremden‘ über die ethnisch-nationalistische Agitation gegen das ‚Fremdartige‘ zum rassistischen Vernichtungskampf gegen das ‚Artfremde‘. Vom grauenhaften Ende dieses Weges her kommt der Schatten des Verbrechens an ethnischen, kulturellen, religiösen und anderen Minderheiten im nationalsozialistischen Deutschland und im von Deutschland besetzten Europa. Hinweise auf die Untaten anderer relativieren die eigenen nicht.

Diese historische Belastung prägt weithin noch immer den bleiernen Gang deutscher Diskussionen um Minderheitenfragen und die nicht selten schizoide Spannung zwischen Xenophobie und Xenophilie als Kehrseiten der gleichen Störung im Verhalten gegenüber fremden Minderheiten. Diese Belastung im Umgang von Einheimischen mit Fremden in Deutschland verschüttet oft die Erinnerung daran, daß, über alle alltäglichen Reibungen und Spannungen im Eingliederungsprozeß hinweg, auch in der Geschichte der Fremden in Deutschland – und der Deutschen in der Fremde – kulturelle Bereicherung und friedliches Miteinander die Regel, Ausgrenzung und Konflikt aber die Ausnahme waren. Von diesen weiter zurückreichenden, gemeinsamen historischen Erfahrungen der Deutschen kann hier nicht weiter die Rede sein.

1.2. Deutsch-deutsche Wanderungserfahrungen

In der Wanderungsgeschichte der beiden deutschen Nachkriegsstaaten überwiegen unterschiedliche Erfahrungen. Es gab sie schon bei der Bewältigung der unmittelbaren Kriegsfolgen in Gestalt der Integration von Flüchtlingen und Vertriebenen: Im Westen waren die organisierten ‚Heimatvertriebenen‘ mit ihrem Kampf für das ‚Recht auf Heimat‘ ein einflußreicher politischer Faktor, dessen Stimme auch am Ende des Kalten Kriegs noch deutlich hörbar war. In SBZ und DDR hingegen wurde die Integration nach einem straffen Eingliederungskonzept der SED durchgesetzt, mit Rücksicht auf die östlichen Nachbarn schönfärberisch ‚Umsiedlerproblematik‘ genannt und als politisches Problem tabuisiert. Das galt erst recht für die Rolle der ‚siegreichen Sowjetarmee‘ und für die traumatischen Erfahrungen von Flucht und Vertreibung, die nicht politisch artikuliert oder gar in öffentlicher Erinnerung ausgelebt werden konnten.

Jenseits der ‚Umsiedlerproblematik‘ war das Wanderungsgeschehen der DDR, im Gegensatz zur Bundesrepublik, nicht durch Zuwanderung und Eingliederung bestimmt, sondern durch Übersiedlung oder Flucht in den Westen mit schwerwiegenden Folgeproblemen für die Wirtschaft im Osten. Eine nennenswerte Zuwanderung von Aussiedlern und Asylsuchenden gab es nicht. Die Ausländerbevölkerung der DDR war nicht nur in absoluten Zahlen, sondern auch im Verhältnis zur Gesamtbevölkerung bei weitem kleiner als diejenige der Bundesrepublik. Von den sowjetischen Armeeangehörigen und ihren Familien abgesehen, umfaßte sie 1989 ca. 190 000 Personen. Die stärkste Ausländergruppe stellten dabei auch in der DDR die auf der Grundlage von Regierungsabkommen angeworbenen Arbeitskräfte, besonders aus Vietnam und Mosambik. Die Ausländer übernahmen in der DDR – wie die ‚Gastarbeiter' in der Bundesrepublik – zumeist von deutschen Arbeitskräften am wenigsten geschätzte Beschäftigungen in den Zentralbereichen der Produktion unter härtesten Arbeitsbedingungen, z. B. zu drei Vierteln im Schichtdienst.

Ausländern gegenüber gab es in der DDR weniger soziale Integration als staatlich verordnete Ausgrenzung und sogar Gettoisierung. Ausländische Arbeitnehmer wurden in der Regel in separate Gemeinschaftsunterkünfte einquartiert und damit sozial auf Distanz gehalten. Nähere Kontakte waren genehmigungs- und berichtspflichtig. Offiziell wurde die Existenz ausländischer Arbeitnehmer in der DDR sogar meist schlicht geleugnet, selbst auf wissenschaftlichen Fachtagungen über Ausländerbeschäftigung, die folgerichtig nur der ‚Fremdarbeiterpolitik des Imperialismus' bzw. der Lage im ‚kapitalistischen Ausland' galten. In dem durch die verordnete Ausgrenzung der Fremden und durch die öffentliche Tabuisierung ihrer Existenz geschaffenen sozialen Vakuum aber siedelten Gerüchte und Argwohn, wucherten Mißtrauen, Angst und Haß. Das verstärkte noch die latenten fremdenfeindlichen Spannungen, die nach dem Zusammenbruch des SED-Regimes und dem Ende des großen Schweigens in totalitärer Zwangsdisziplinierung offen zutage traten.

Betroffen waren zunächst die noch zu DDR-Zeiten ins Land gekommenen, vielfach mit rassistischen Invektiven bedachten fremden, weil ‚gelben' oder ‚schwarzen' Arbeitnehmer aus der ‚Dritten Welt', unter ihnen als bei weitem größte Gruppen nach Schätzungen des Bundesarbeitsministeriums Ende 1989 noch ca. 59 000 Vietnamesen (‚Fidschis') und ca. 15 000 Mosambikaner (‚Briketts'). Ihre Zahl fiel stark ab durch überstürzte Rückwanderung im Zeichen wachsender Fremdenfeindlichkeit und durch innerdeutsche Flucht aus dem Arbeitsvertrag im Osten ins Asylverfahren im Westen. Opfer der Aggression wurden bald aber auch Gruppen jener asylsuchenden Flüchtlinge, die im Sinne des Einigungsvertrages den neuen Bundesländern zugeteilt wurden. Die wachsende aktive Fremdenfeindlichkeit war zwar zunächst im Osten aggressiver und gewalttätiger, insgesamt aber weder ‚typisch ostdeutsch' noch allein Sache von durch sozialen Abstieg bedrohten sozialen Randgruppen. Sie breitete sich zunehmend über ganz Deutschland aus.

Nicht nur im Osten, auch im Westen Deutschlands steht die Begegnung von Mehrheit und zugewanderten Minderheiten im Schatten von folgenschweren politischen Erkenntnisverweigerungen, Tabuisierungen und Verdrängungen. Dabei hing der enorme Anstieg der Zuwanderung ausländischer Arbeitskräfte in die Bundesrepublik der 1960er Jahre ganz entscheidend auch mit den Maßnahmen der DDR gegen die ‚Republikflucht' zusammen: Was im Westen als politisch motivierte Fluchtwanderung aus dem ‚kommunistischen Machtbereich' betrachtet wurde, galt im Osten als vom Westen stimulierter Abstrom von Arbeitskräften aus dem ‚Paradies der Werktätigen'. Daß auch der Westen, im Gegensatz zu den ideologischen Sprachregelungen des Kalten Kriegs, den Zustrom aus dem Osten sehr wohl als willkommenen Arbeitskräftegewinn verstand, zeigte sich sogleich nach dem Bau des ‚antifaschistischen Schutzwalls': Mit dem Abreißen des Zustroms aus der DDR stiegen die Ausländerzahlen im Westen um so stärker an.

Die ausländischen Arbeitskräfte aus den ‚Anwerbeländern' wurden – nicht im amtlichen, aber im öffentlichen Sprachgebrauch – ‚Gastarbeiter' genannt. Das bot begriffliche Abgrenzung von den ‚ausländischen Wanderarbeitern' in Kaiserreich und Weimarer Republik und besonders von den ‚Fremdarbeitern' im nationalsozialistischen Deutschland. Aber auch am Arbeitsmarkt gilt, daß Gast nur ist, wer nicht auf Dauer bleibt. Von Gastgebern wie Gästen wurden die fließenden Grenzen zwischen Arbeitswanderung, dauerhaftem Arbeitsaufenthalt und Einwanderungsprozeß lange nicht erkannt, später zum Teil auch aus Selbstschutzgründen verdrängt. Von 1955 bis zum ‚Anwerbestop' in der Weltwirtschaftskrise von 1973 dauerte die ‚Gastarbeiterperiode' in der Bundesrepublik. Rund 14 Millionen kamen in dieser Zeit. Etwa 11 Millionen davon kehrten wieder in ihre Heimatländer zurück. Von der 1989 rund 4,8 Millionen zählenden Ausländerbevölkerung in der Bundesrepublik gehörten fast 3 Millionen zu der aus den früheren ‚Anwerbeländern' zugewanderten ‚Gastarbeiterbevölkerung' oder stammten von ihr ab.

Der ‚Anwerbestop' aber wirkte als Bumerang: Er ließ nur kurzfristig die Zahl der ausländischen Erwerbstätigen sinken, dann aber die Ausländerbevölkerung insgesamt sogar über das 1973 erreichte Niveau hinaus ansteigen und beschleunigte zudem den Weg von der ‚Gastarbeiter'- zur Einwandererexistenz: Seit dem ‚Anwerbestop' nämlich konnte freiwillige Rückkehr ins Herkunftsland auf Zeit zum unfreiwilligen Abschied aus Deutschland für immer werden. Um so mehr verstärkte sich die ohnehin erkennbare Tendenz zu Daueraufenthalt und Familiennachzug. Dauerhafte Arbeitsaufenthalte aber bewirkten über die Zeitstufen im Aufenthaltsrecht eine langfristige Verfestigung der Gastarbeiterexistenz mit befristeter Aufenthaltsgenehmigung zur Einwandererexistenz mit unbegrenzter Aufenthaltsberechtigung.

Allen Erfahrungen mit historischen Einwanderungsprozessen nach zu urteilen, lebte ein großer Teil der ehemaligen ‚Gastarbeiterbevölkerung' in der Bundesrepublik schon um die Jahrzehntwende der 1970er/80er Jahre jenseits der fließenden Grenze zwischen Arbeits- und Daueraufenthalt in einer echten Einwanderungssituation. Davon zeugten klare, in der internationalen Forschung gültige Kriterien und unabweisbare, von der Wissenschaft frühzeitig erkannte und öffentlich benannte Indizien. Die regierungsamtliche Politik reagierte, über die ‚Wende' von 1982 hinweg, auf die vorgelegten Bestandsaufnahmen und Entwicklungsperspektiven mehr als ein Jahrzehnt lang mit defensiver Erkenntnisverweigerung. Das sprach aus dem parteiübergreifenden, noch Anfang der 1990er Jahre gültigen, demonstrativen Dementi: „Die Bundesrepublik ist kein Einwanderungsland!" Unter diesem kleinsten gemeinsamen Nenner aller regierungsamtlichen Stellungnahmen zur Ausländerpolitik wurden die ansonsten so ereignisreichen 1980er Jahre für die Gestaltung von Migration, Integration und Minderheiten zum verlorenen Jahrzehnt. Sachkenner redeten und schrieben vergebens an gegen eine politische Gummiwand, woran sich Verantwortungsträger von damals ungern erinnern lassen, weil die gesellschaftlichen Folgen der politischen Versäumnisse heute unübersehbar sind.

Die in den frühen 1980er Jahren nach Lebensverlauf und Selbstverständnis schon als Einwandererminorität beschriebenen Ausländer wurden unterdessen immer einheimischer und von den Deutschen im Alltag der Begegnung immer weniger als Fremde betrachtet. Viele von ihnen aber könnten die härteren Phasen im Eingliederungsprozeß besser durchlebt und heute beruflich-sozial ganz andere Lebensperspektiven haben, wenn ihnen die Chance dazu nicht verstellt worden wäre durch jenes demonstrative politische Desinteresse und durch Versuche, die gesellschaftliche Wirklichkeit der Einwanderungssituation zu ‚dementieren'.

Einseitige Schuldzuschreibungen an die Adresse der Politik aber bleiben vordergründig; denn die Ausländer in der Bundesrepublik waren nie nur passiv Betroffene, sondern immer zugleich auch Akteure, und sie verharrten als solche in ihrer Mehrheit unschlüssig oder doch ratlos im Niemandsland zwischen unbefristetem Arbeitsaufenthalt und ungeklärter Einwanderungsabsicht. So betrachtet gab es, im Blick auf beide Seiten, im Grunde eine doppelte Lebenslüge in einer Einwanderungssituation ohne Einwanderungsland und ohne Einwanderungsentscheidung. Und doch gab es klare Ursache-Folge-Relationen; denn eine perspektivlose Einwanderungssituation fördert Orientierungsverlust bei den Einwanderern, und ein Einwanderungsland wider Willen darf sich über widerwillige Einwanderer nicht wundern.

In der gesellschaftlichen Wirklichkeit entwickelte sich so für die aus der früheren ‚Gastarbeiterbevölkerung' hervorgegangene Minderheiten schrittweise eine paradoxe Einwanderungssituation ohne Einwandererperspektiven. Die Zeche zahlten zunächst die Minderheiten. Anfang der 1990er Jahre indes gerieten, wie immer wieder warnend vorausgesagt, die verdrängten gesellschaftlichen Probleme in der sich selbst verleugnenden Einwanderungsgesellschaft zur politischen Legitimationskrise und stellten den inneren Frieden auf eine harte Belastungsprobe.

1.3. Die neue Einwanderungssituation im vereinigten Deutschland

Das vereinigte Deutschland ist mit einer neuen Einwanderungssituation konfrontiert. Sie umschließt Eingliederungsprobleme, die eine bislang nicht gekannte Komplexität haben. Sie sind unübersichtlicher als die beiden seit dem Zweiten Weltkrieg vorausgegangenen großen Eingliederungsprozesse: Das gilt für die Integration von Vertriebenen und Flüchtlingen in West- und Ostdeutschland; und es gilt für den im Westen in fließendem Übergang seit der zweiten Hälfte der 1950er Jahre anschließenden Weg von der ‚Gastarbeiterfrage‘ der 1960er und frühen 1970er Jahre zum echten Einwanderungsproblem der 1980er Jahre. In der neuen Einwanderungssituation im vereinigten Deutschland greifen fünf verschiedene Problemfelder ineinander:

1. Zur rechtspolitisch unbewältigten Vergangenheit der letzten Jahrzehnte gehört im Westen nach wie vor die erwähnte Einwanderungssituation ohne Einwanderungsland und Einwanderungsentscheidung. Darin leben die meisten, heute schon bis zu drei Generationen umfassenden Familien aus der ehemaligen ‚Gastarbeiterbevölkerung‘ zwischen frustrierten Einwanderungsperspektiven, multikulturellen Ersatzvisionen und ethnosozialen Spannungen. Paradoxe Begriffe spiegeln paradoxe Lebenssituationen der einheimischen Ausländer bzw. ausländischen Inländer. Fazit: Einheimische gibt es auch mit fremdem Paß.

2. Hinzu kam im Westen seit den späten 1980er Jahren der Massenandrang deutscher Aussiedler aus Ost-, Ostmittel- und Südosteuropa. Sie bilden im vereinigten Deutschland die zweitstärkste zugewanderte Minderheit. Sie sind Deutsche im Sinne von Grundgesetz, Bundesvertriebenen- und Flüchtlingsgesetz. Aber die Eingliederung der fremden Deutschen erreicht dennoch oft – nicht im rechtlichen, aber im soziokulturellen und mentalen Sinne – die Dimension eines echten Einwanderungsprozesses. Er wird durch überkommene Wertvorstellungen, Fami-

lien-, Gesellschaftsbild und nicht zuletzt auch Sprachbarrieren oft sogar noch besonders kompliziert. Fazit: Fremde gibt es auch mit deutschem Paß.

3. In den 1980er Jahren und besonders in den frühen 1990er Jahren stark angewachsen ist im Westen die Zahl der Flüchtlinge aus Osteuropa und der ‚Dritten Welt'. Sie kamen als politisch Verfolgte im engeren Sinne von Artikel 16 des Grundgesetzes oder im weiteren Sinne der Genfer Flüchtlingskonvention. Es kamen aber auch Kriegs- und Bürgerkriegsflüchtlinge, Armuts- und zunehmend auch Umweltflüchtlinge aus den Krisenzonen der Welt. Schwer abschätzbar, aber zweifelsohne hoch zu veranschlagen ist die Zahl der illegal anwesenden Ausländer, die vollkommen schutzlos, zur ‚schwarzen' Partizipation am Arbeitsmarkt genötigt und deshalb jeder Form von Ausbeutung ausgeliefert sind. Ihre Zahl dürfte seit der scharfen Einschränkung des Asylrechts vom Juli 1993 weiter gestiegen sein, weil es seither noch weniger aussichtsreiche Wege ins Asylverfahren gibt. Relativ jung noch ist die – von Israel skeptisch beobachtete – Zuwanderung von Juden aus der ehemaligen Sowjetunion in Deutschland, deren Zahl Anfang 1993 auf ca. 15000 veranschlagt wurde.

Daneben stehen seit der deutschen Vereinigung zwei weitere, innerdeutsche Eingliederungsprobleme. Sie sind Ergebnis der Tatsache, daß sich in der Geschichte der Deutschen abermals nicht nur Menschen über Grenzen, sondern auch Grenzen über Menschen bewegten, mit Entfremdungserfahrungen in der neuen wie in der alten Welt:

4. Menschen über Grenzen: Es gibt, abnehmend zwar, aber noch immer deutlich faßbar, die Identitätsprobleme der Flüchtlinge und Übersiedler aus der ehemaligen DDR. Sie kamen bis in die späten 1980er Jahre als DDR-

Flüchtlinge, dann als Übersiedler aus dem maroden Osten in den vermeintlich goldenen Westen. Viele erlitten dort – solange die DDR bestand, auch vom Osten abgeschnitten und im Westen oft allein – eine Art deutschdeutschen Kulturschock. Es war die Erfahrung, wie groß die Distanz nicht nur in der materiellen Kultur und den Lebensformen, sondern auch in den Mentalitäten zwischen West und Ost geworden war.

5. Grenzen über Menschen: Seit der Vereinigung schließlich gibt es mentale Eingliederungsprobleme vieler Menschen in den fünf neuen Bundesländern. Sie leben in einer Art importierten Einwanderungssituation, in der nicht Menschen in die Fremde gingen, sondern die in Haßliebe vertraute Lebenswelt selbst zur Fremde geriet. Die einseitige Überformung dieser Lebenswelt durch den Westen hat im Osten vielen Menschen das Gefühl vermittelt, Fremde im eigenen Land geworden zu sein. Sie sind konfrontiert mit der Alternative von bedingungsloser Anpassung oder fortschreitender Entfremdung in der Begegnung mit dem, was der Dramatiker Heiner Müller das „eiserne Gesicht" der Freiheit genannt hat. Der kollektive Einigungsschock spricht selbst aus der Statistik von Geburt und Tod in den neuen Bundesländern, mit ihren extrem hohen Suizidraten im Vereinigungsprozeß und einem Absturz der Geburtenrate von 1989 bis 1992 um 70 Prozent. Die Zahlen zeugen von mentalen Strapazen in einer Art kolonialen Situation auf Zeit. Sie führte in einen inneren Entfremdungsprozeß. Er minderte noch die – im Osten ohnehin wenig geübte – Bereitschaft zur Eingliederung anderer, von außen kommender Fremder.

Die neue Einwanderungssituation im vereinigten Deutschland steht am Ende des rund ein Jahrhundert überspannenden Wandels vom Auswanderungsland des 19. Jahrhunderts zu einem Einwanderungsland neuen

Typs. Mit dem aktuellen Wanderungsgeschehen verbundene, in und seit den 1980er Jahren gesteigerte Schreckbilder verursachen Bedrohungsvorstellungen und Abwehrhaltungen von Einheimischen gegenüber zugewanderten Fremden und gegenüber den befürchteten ‚neuen Völkerwanderungen' aus dem Osten und dem Süden der Welt. Dabei stehen wir nach vorliegenden Trendbeobachtungen und Schätzungen erst am Anfang einer anhaltenden Konfrontation mit weltweiten Wanderungsbewegungen, deren Ausläufer Europa bislang erst zu ca. 5 Prozent erreichen.

Wenn unvorhersehbare Ereignisse nicht alles anders kommen lassen, kann in Deutschland gerechnet werden: mit einem Anhalten der Aussiedlerzuwanderung; mit auf niedrigerem Niveau anhaltenden Ost-West-Zuwanderungen und weiträumigen Pendelwanderungen aus den neuen Bundesländern; mit Wanderungsbewegungen innerhalb des europäischen Binnenmarktes, die sich in Deutschland nicht nur, aber auch als Zuwanderung auswirken dürften; mit Zuwanderungsdruck in Ost-West-Richtung vor dem Hintergrund des internationalen Entwicklungsgefälles, der zentrifugalen Kräfte der zerfallenen Sowjetunion und anderer politischer, wirtschaftlicher und gesellschaftlicher Krisenherde in Ost- und Südosteuropa; mit Zuwanderungsdruck in Süd-Nord-Richtung vor dem Hintergrund des weltweiten Entwicklungsgefälles und der sich dramatisch zuspitzenden politischen, ökonomischen und ökologischen Krisenentwicklung in der ‚Dritten Welt'.

1.4. Fremdenangst und Politik
in der Einwanderungssituation

Für die brisanten gesellschaftlichen Probleme von Migration, Integration und Minderheiten fehlt es Anfang der 1990er Jahre in Deutschland nach wie vor an umfassenden und konsensfähigen Konzepten mit langfristigen Gestaltungsperspektiven. Statt dessen gab es unter dem alles überwölbenden Dementi, die Bundesrepublik sei kein Einwanderungsland, die in Wahlkämpfen immer wieder vorgeführte, ebenso medienwirksame wie gefährliche Grätsche zwischen Panikvisionen und erklärter politischer Handlungsunfähigkeit unter Hinweis auf das Verschulden des parteipolitischen Gegners. In der parteipolitischen Polemik, in der Wahlkampfagitation und in der Mediendiskussion wurden fremdenfeindliche Abwehrhaltungen, bewußt oder unbewußt, zum Teil geradezu produziert: Umfragen zu Wahlkampfzeiten berichteten immer wieder von dem bemerkenswerten Phänomen, daß in der Einschätzung der Rangfolge politischer Probleme die ‚Ausländerfrage‘ bzw. die ‚Asylfrage‘ am Beginn von Wahlkämpfen einen eher mittleren Platz, auf dem Höhepunkt und am Ende aber einen Spitzenplatz einnahmen.

In dieser Hinsicht war die Geschichte der Migrationsforschung in der Bundesrepublik der 1980er Jahre eine Geschichte der überhörten Warnungen an die Adresse der Politik, bis die innenpolitische Entwicklung in Deutschland nach neuen Zäsuren zu gliedern war, die da lauten: ‚vor und nach Hoyerswerda‘, ‚Rostock‘, ‚Mölln‘ oder ‚Solingen‘. „Wir warnen davor, das zentrale Politikfeld der Zuwanderung und der Eingliederung zugewanderter Minderheiten zu vernachlässigen“, hieß es noch wenige Wochen vor den Ereignissen von Hoyerswerda in einem öffentlichen Aufruf engagierter Professoren verschiedener Wissenschaften Ende August 1991: „Die Probleme der Zuwanderung und der Eingliederung eingewanderter Minderheiten müssen endlich als entscheidende Zukunftsaufgabe deutscher und europäischer Politik begriffen und mit umfassenden Konzepten gestaltet werden. Die Lage wird sich zuspitzen, wenn nicht vorausschauend politisch gehandelt wird." (FR, 29. 8. 1991; FAZ, 30. 8. 1991 u. a.). Eine politische Antwort blieb abermals aus. Dann wurden die immer wieder vergeblich vorgetragenen und auf politischer Seite ‚dementierten' Warnungen schlagartig furchtbare Wirklichkeit. Als die wachsende Angst von ‚unten' auf die anhaltende Konzeptionslosigkeit von ‚oben' stieß, schlugen Irritationen, Frustrationen und soziale Ängste um: bei den einen in politische Apathie bzw. ‚Politikverdrossenheit', bei anderen in gewaltbereite Fremdenfeindlichkeit bzw. fremdenfeindliche Gewaltakzeptanz. Das waren nicht etwa unvermeidbare Folgen von Einwanderung und Eingliederung, sondern vermeidbare Folgen ihrer mangelnden politischen Gestaltung.

Pogromstimmung entlud sich in gewalttätigen Ausschreitungen: Von dem Überfall auf ein Ausländerwohnheim im sächsischen Hoyerswerda im September 1991 ausgehend, raste ein Inferno fremdenfeindlicher Gewalt wie ein Flächenbrand durch Deutschland. Die Exzesse vom Herbst 1991 spülten die von Sachkennern seit langem registrierte fremdenfeindliche Unterströmung an die Oberfläche. Sie erregten weltweit Abscheu, Entsetzen und Erinnerungen an das Schicksal von Minderheiten zur Zeit der nationalsozialistischen Gewaltherrschaft. Eine zweite Welle fremdenfeindlicher Gewalt ging aus von den Rostocker Terrornächten im August 1992. Die Flammen von Rostock-Lichtenhagen wirkten wie ein Fanal: An den verschiedensten Orten im Osten und Westen der Republik gingen Unterkünfte von asylsuchenden Flüchtlingen in Flammen auf.

Viele Brand- und damit Mordanschläge konnten abgewehrt, die Flammen rechtzeitig gelöscht werden. Nicht so im schleswig-holsteinischen Mölln, wo im November 1992 zwei von Türken bewohnte Häuser in Flammen aufgingen. Drei Menschen verbrannten, neun wurden zum Teil schwer verletzt. Nach den Morden von Solingen Ende Mai 1993 und nach der Eruption kollektiver Gewalt auf den Straßen des Tatorts wuchs im vereinigten Deutschland die Sorge vor bürgerkriegsartigen Szenarien in einer komplizierten Einwanderungssituation, in der sich viele Spannungslinien überschneiden, auch solche, die ursächlich gar nichts mit Wanderung und Eingliederung zu tun haben.

Erst der Schock, den die Wellen der ausländerfeindlichen Gewalt seit dem Herbst 1991 auslösten, gab nachhaltigere Anstöße zum politischen Umdenken. Bis dahin hatte sich die politische Diskussion einerseits konzentriert auf die rund ein Jahrzehnt lang folgenlos angekündigte, erst 1990 vollzogene Reform des Ausländerrechts und andererseits auf die in aller Regel mit scharfer Polemik geführte Asyldebatte, die fahrlässig Horror- und Panikvisionen von einer ‚Asylantenflut‘ im ‚Sturm auf Europa‘ hinterließ. Aus Panik geborene Wahnvorstellungen aber sind mit rationalen Argumenten schwer zu begrenzen:

Wissenschaftler und Praktiker der Ausländerarbeit, die Ausländerbeauftragten, Kirchen und Wohlfahrtsverbände, Gewerkschaften und die verschiedensten vor Ort arbeitenden Initiativen warnten immer wieder vor den gefährlichen Folgen politischer Abstinenz und vor zum Teil durch die Politik geradewegs vorgelebten und von den

Medien weiter gesteigerten Abwehrhaltungen. Sie wiesen, ebenso vergeblich, darauf hin, daß der Mangel an der sonst so vielbemühten Klarheit und Berechenbarkeit zur Flucht in die Wahnwelt der falschen Ursachen und zum Terror gegen die Opfer der eigenen Ratlosigkeit führen könne. Und sie warnten vor neuen Chancen für die großen Vereinfacher von rechts bei der Abrechnung mit der Politik an der Wahlurne; denn die radikale Rechte lebt vom politischen Geschäft mit Angst und Wut.

Viele Probleme, über die Politiker in Deutschland heute klagen, sind mithin auch hausgemachte, frühzeitig absehbare und immer wieder warnend vorausgesagte Folgen eigener Fehleinschätzungen und Versäumnisse. Auch das hat dazu beigetragen, daß das Wort ‚Politikverdrossenheit‘ in Deutschland zum Stichwort des Jahres 1992 gewählt werden konnte.

Fremdenfeindlichkeit und Rechtsextremismus sind in Deutschland erneut zu gesellschaftlichen Gefahren erster Ordnung geworden. Es gibt sie auch in anderen europäischen Ländern. Aber die Welt sieht den ‚häßlichen Deutschen‘ auferstehen hinter der neuen Fremdenfeindlichkeit; denn sie steht im langen Schatten einer Geschichte, die Brutalität gegenüber wehrlosen Minderheiten noch grauenhafter erscheinen läßt, als sie es ohnehin schon ist. Soziale Angst und Ratlosigkeit, Orientierungsmangel und Perspektivlosigkeit, Wertediffusion und eine schleichende gesellschaftliche Entsolidarisierung haben wesentlich beigetragen zu Sündenbocktheorien und fremdenfeindlichen Projektionen, in denen ‚die Ausländer‘, ‚die Asylanten‘ oder überhaupt ‚die Fremden‘ zu Schuldigen für die Probleme der Einheimischen werden.

1.5. Handlungsspielräume und Gestaltungsperspektiven

Das parteiübergreifende Dementi, die Bundesrepublik sei kein Einwanderungsland, hat mehr als ein Jahrzehnt lang eine der brisantesten politischen Aufgaben tabuisiert und blockiert. Heute werden entsprechende Konzepte zum Teil schon weniger von aktiver Steuerungsabsicht bestimmt als vom reaktiven Streben nach Schadensbegrenzung. Hinter den seit langem überfälligen Gestaltungsaufgaben aber stehen nicht nur nationale, sondern ebenso auch europäische und globale Probleme. Ein einzelnes Land ist dadurch bei weitem überfordert. Das gilt auch für ein Land von der wirtschaftlichen Stärke Deutschlands. Bei der Entwicklung entsprechender Konzeptionen fällt der Bundesrepublik als bevorzugtem Wanderungsziel in Europa und im Blick auf ihre neuen Grenzen im Osten dennoch eine besondere Verantwortung zu. Zugleich aber geht es um die Bewältigung der Probleme im vereinigten Deutschland selbst.

Nötig sind verstärkte Bemühungen um die Eingliederung zugewanderter oder schon im Lande geborener Minderheiten und aktiver Minderheitenschutz auf gesetzlicher Grundlage. Nötig sind transparente Konzepte für Einwanderungsgesetzgebung und Migrationspolitik: Deutschland ist, darin sind sich alle Sachkenner einig, ein Land, das einerseits ein Übermaß an Einwanderung fürchtet und doch auf lange Sicht kontinuierlich ein Mindestmaß an Einwanderung braucht. Andernfalls könnte es nach der Jahrtausendwende zu dem gespenstischen Szenario eines mitteleuropäischen Bunkers mit schrumpfender und vergreisender Besatzung kommen und damit zu unübersehbaren Folgen für die Arbeitsmarktentwicklung, für die Stabilität der sozialen Leistungssysteme im ,Generationenvertrag' und für den Sozialstaat insgesamt. Die verfassungsrechtlichen Grundlagen für Einwanderungsgesetzgebung und Einwanderungspolitik bestehen schon lange: Das Grundgesetz (Art. 73, Nr. 3) gewährt dem Bund ausdrücklich die Gesetzgebungskompetenz auf dem Gebiet der Einwanderung. Dem Bundesverwaltungsamt könnten (im Sinne von § 2, Abs. 4 des Errichtungsgesetzes vom 28. 12. 1959) jederzeit entsprechende Zuständigkeiten übertragen werden. Es fehlt also nur ein geeignetes Bundesgesetz, das diese Zuständigkeit in Anspruch nimmt und ausgestaltet.

Wer aber Einwanderungspolitik betreiben will, soll nicht zuerst nach Zahlen, sondern nach Zielen fragen. Ohne richtungweisende Konzeptionen bliebe alle Einwanderungspolitik dazu verdammt, bloß defensiv zu sein. Notwendig ist eine Generaldebatte zum Thema Zukunft, in der es um Antworten nicht für Legislaturperioden, sondern auf Generationen hinaus geht. Die politischen Handlungsspielräume müssen neu durchdacht werden. Wanderung und Eingliederung tangieren alle Bereiche gesellschaftlichen Lebens. Eine Politik für Migration, Integration und Minderheiten muß deshalb als Gesamtaufgabe für Bevölkerung und Wirtschaft, Gesellschaft und Kultur verstanden werden.

Konzeptionen für Migrationspolitik müssen in Auseinandersetzung mit vorliegenden, oft ungenutzten wissenschaftlichen Ergebnissen erarbeitet werden. Nötig dazu ist ein doppelter Dialog: einerseits zwischen den verschiedensten, oft ohne Kenntnis voneinander auf verwandten Feldern arbeitenden Forschungsrichtungen; andererseits zwischen ihnen und den verschiedensten Feldern der Praxis, auch im Blick auf Verwaltungshandeln und politischen Entscheidungsprozeß. Dazu muß sich auf beiden Seiten viel ändern, wenn es nicht dahin kommen soll, daß ungenutzte Forschungsergebnisse und damit verlorene Handlungschancen erst dereinst von Wissenschaftshistorikern wiederentdeckt werden.

2. Rahmenbezug I: Weltbevölkerung und Weltwanderung

Von Peter J. Opitz

2.1. Weltwanderungen in Geschichte und Gegenwart

Die Annahme scheint verbreitet, daß die Welt nur dann in Ordnung ist, wenn Menschen dort bleiben, wo sie gerade leben. Eine solche Vorstellung ist unsinnig und unhistorisch. Menschen hatten immer das Bestreben, ihre individuelle und kollektive Lebenssituation zu verbessern; Möglichkeiten dazu boten Wanderungen und die Suche nach neuen Siedlungsgebieten. Bei den Ursachen von Wanderungsbewegungen greifen, grob vereinfacht, in der Regel zwei große Faktorenkomplexe ineinander: zum einen Lebensumstände in den Ausgangsräumen, die als drückend und schwierig, gefährlich, ja lebensgefährlich beurteilt werden und denen man sich deshalb zu entziehen sucht – sog. Schubkräfte; zum anderen Lebensbedingungen in den Zielgebieten, die – umgekehrt – als angenehm und erstrebenswert empfunden werden (z. B. politische Freiheit, persönliche Sicherheit, Arbeitsplätze, materieller Wohlstand) und in deren Genuß man durch Wanderung zu gelangen hofft – sog. Sogkräfte. Dabei können diese Schub- und Sogkräfte höchst unterschiedlich auftreten – isoliert, einzeln und für sich (z. B. bei Flucht- und Zwangswanderungen), aber auch gleichzeitig und in den verschiedensten Mischungsverhältnissen. Daß die Migrationsbereitschaft dann am größten ist, wenn die eigenen Lebensumstände besonders desolat erscheinen und gleichzeitig die Anziehungskräfte anderer Regionen besonders groß sind, liegt auf der Hand. Kommt noch die Chance schneller, billiger und ungefährlicher Verkehrsmöglichkeiten hinzu, so verwandelt sich Wanderungsbereitschaft schnell zum Wanderungsentschluß.

Die schnelle Zunahme der Migration im Weltmaßstab ist zu einem der prägenden Merkmale der letzten Jahrzehnte des 20. Jahrhunderts geworden. In vielen Weltregionen haben sich die Lebensbedingungen dramatisch verschlechtert, leben Hunderte von Millionen Menschen in absoluter Armut. Gleichzeitig hat in anderen Regionen der Welt die Lebensqualität ein Niveau erreicht, das in der Geschichte der Menschheit einmalig ist. Das aber heißt: Es haben sich weltweit sowohl die Schub- als auch die Sogkräfte verstärkt. Die Gefälle in der Lebensqualität, die auf diese Weise *innerhalb* wie auch *zwischen* den verschiedenen Weltregionen entstanden, sind dreifach gelagert: Sie zeigen sich *wirtschaftlich* in starken Disparitäten des Wirtschaftswachstums und der wissenschaftlich-technischen Innovationsfähigkeit; *politisch* in unterschiedlichen Niveaus innerer und äußerer Sicherheit, in der Gewährung von Menschenrechten und den Möglichkeiten politischer Partizipation; *demographisch* in eskalierenden Bevölkerungszuwächsen und Überbevölkerung in den Regionen des ‚Südens‘ und gleichzeitig in sowohl stagnierender wie alternder Bevölkerungen in den Staaten des ‚Nordens‘ bzw. ‚Westens‘.

Diese Gefälle werden heute – mittels moderner Medien – von großen Teilen der Weltbevölkerung nicht nur wahrgenommen. Sie werden auch als ungerecht empfunden infolge der weltweiten Verbreitung westlicher Wertvorstellungen und insbesondere der universale Geltung beanspruchenden Menschenrechte. Schnelle und preisgünstige Verkehrssysteme eröffnen zudem vielen Menschen die Hoffnung, diese Gefälle durch Flucht und Migration überwinden zu können, sei es auf Zeit oder auf Dauer.

Die schnelle Zunahme der Zahl der Flüchtlinge und Migranten läßt sich besonders deutlich an jener Gruppe von Flüchtlingen ablesen, über die es die vergleichsweise besten Statistiken gibt – an jenen Menschen nämlich, die vor Krieg, Bürgerkrieg und Verfolgung aus ihren Heimatländern fliehen. Registrierte das Amt des Hohen Flüchtlingskommissars in Genf (UNHCR) 1970 weltweit ‚erst‘ 2,4 Millionen Flüchtlinge, so war ihre Zahl ein Jahrzehnt später schon auf 7,4 Millionen gestiegen. Nur ein weiteres Jahrzehnt später, 1990, hatte sich ihre Zahl schon auf mehr als 17 Millionen verdoppelt. Dabei sind in den UNHCR-Statistiken weder über 2 Millionen Palästina-Flüchtlinge aufgeführt, noch jene Menschen, die sich zwar ebenfalls auf der Flucht befinden, dabei aber die Grenzen ihres Heimatlandes nicht überschritten haben – die ‚Binnenflüchtlinge‘, deren Zahl auf über 20 Millionen Menschen geschätzt wird.

Starke Zunahme verzeichnet auch eine weitere Gruppe von Migranten, die zwar nicht unter den Genfer Flüchtlingsbegriff fällt, mithin auch nicht durch das humanitären Völkerrecht geschützt wird, die jedoch viele Menschen umfaßt, deren Leben und Gesundheit ebenfalls unmittelbar bedroht sind – die ‚Armutsflüchtlinge‘. Sie bilden die Mehrheit der heutigen Migranten. Über sie werden keinerlei Statistiken geführt. Deshalb gibt es hinsichtlich ihrer Zahl nur vage und zum Teil weit divergierende Schätzungen, denen zufolge sich die Gesamtzahl der ‚Armuts-‘ und ‚Wirtschaftsflüchtlinge‘ inzwischen auf mehrere hundert Millionen Menschen summiert – mit ständig steigender Tendenz.

Noch schwerer zu beziffern ist eine dritte Kategorie von Flüchtlingen, die seit Beginn der 1980er Jahre zunehmend in die Schlagzeilen geriet: die ‚Umweltflüchtlinge‘. Ein Bericht des UN-Umweltprogramms definierte sie als Menschen, „die gezwungen sind, ihre traditionelle Umgebung vorübergehend oder gar dauerhaft zu verlassen, da Umweltschäden (seien diese natürlicher Art oder durch den Menschen ausgelöst) ihre Existenz in Gefahr brachten und/oder ihre Lebensqualität schwerwiegend beeinträchtigten." Obwohl in vielen Regionen der Welt – insbesondere des ‚Ostens‘ und ‚Südens‘ – die Zahl der Umweltflüchtlinge zunimmt, fehlen auch über ihre Gesamtzahl bislang zuverlässige Statistiken. Wie weit die Schätzungen – ob es sich bei ihnen ‚nur‘ um 50 oder um 500 Millionen Menschen handelt – auch immer divergieren, unumstritten ist, daß auch die Zahl der ‚Umweltflüchtlinge‘ deutlich steigt.

Ebenso unübersehbar wie der schnelle und anhaltende Anstieg der Flucht- und Migrationsbewegungen seit den 1970er Jahren ist ein zweites Charakteristikum der heutigen Situation: ihre Konzentration auf jene Regionen der Welt, die konventionell mit dem inzwischen immer diffuser werdenden Begriff des ‚Südens‘ bezeichnet werden. So entfielen von den 7,4 Millionen Menschen, die sich 1980 weltweit auf der Flucht befanden nur 1,7 Millionen auf Europa und Nordamerika. Ein Jahrzehnt später hatte sich – trotz starker Zunahme der Asylanträge in Europa und Nordamerika von 100 000 im Jahre 1983 auf 574 300 im Jahre 1990 – der Anteil der in den westlichen Ländern lebenden Flüchtlinge an den weltweiten Flüchtlingspopulationen weiter verringert: Von den 17,2 Millionen Flüchtlingen, die Ende 1990 weltweit gezählt wurden, befanden sich nur 2,1 Millionen in Europa und Nordamerika. Erst zu Beginn der 1990er Jahre trieb der blutige Zerfall des jugoslawischen Vielvölkerstaates die Flüchtlings-zahlen auch in Europa in die Höhe.

Die Situation im ‚Süden‘ wird gravierend dadurch ver-schärft, daß sich die vielen Millionen von Kriegs- und Bürgerkriegsflüchtlingen nicht gleichmäßig verteilen, sondern auf einige Gebiete und Länder konzentrieren. Zu den Schwerpunkten gehörte in den 1980er Jahren in Süd-ostasien lange Zeit Thailand, wo hunderttausende indo-chinesischer Flüchtlinge Zuflucht gesucht und gefunden hatten; in Südasien Pakistan und der Iran, die bis heute jeweils weit über 3 Millionen afghanischer Flüchtlinge be-herbergen; in Ostafrika Äthiopien, der Sudan und Soma-lia, wo sich über 2 Millionen Flüchtlinge aufhielten, wäh-rend im südlichen Afrika deutlich mehr als 4 Millionen Flüchtlinge, vor allem aus Angola und Mosambik, lebten. – Auch zu Beginn der 1990er Jahre war die Situation für viele Länder des ‚Südens‘ unverändert bedrückend.

2.2. Ursachen globaler Wanderungsbewegungen in der Gegenwart

Während die Ursachen der großen Flüchtlingsströme und Migrationsbewegungen in jedem einzelnen Fall höchst unterschiedlich sind, zeigen sich im Gesamtüberblick vier große, in wachsendem Maße konvergierende Prozesse sä-kularer Dimension, denen sich die überwiegende Zahl der Wanderungsbewegungen zuordnen läßt.

Einen ersten Prozeß bildet der im 20. Jahrhundert in blutigen Kriegen und Konflikten voranschreitende Zerfall jener multi-nationalen Imperien, die über viele Jahrhun-derte die zentralen Elemente des internationalen bzw. in-terimperialen Systems gebildet hatten: Der Prozeß be-gann mit dem Osmanischen Reich und der Habsburger

Donaumonarchie, die nach dem Ersten Weltkrieg aufgelöst wurden. Er setzte sich fort mit dem Untergang der riesigen Kolonialreiche der Staaten Westeuropas nach dem Zweiten Weltkrieg. Einen neuen Höhepunkt fand er schließlich Ende der 1980er Jahre mit dem Zerfall des äußeren und inneren sowjetischen Imperiums. Ergebnis dieser einzelnen Prozesse, die bis in die jüngste Gegenwart von zahlreichen Flüchtlingsbewegungen begleitet waren, ist eine Vervierfachung der Zahl der Staaten von ca. 50 zu Beginn des Jahrhunderts auf derzeit ca. 200 Staaten.

Zahlreiche der im Verlauf dieser Zerfallsprozesse wiederentstandenen bzw. neu gegründeten Staaten leiden bis heute unter strittigen Außengrenzen, ethnischen und religiösen Spannungen, inkompetenten und/oder korrupten Staatsklassen, zerfallender politischer Legitimität, wirtschaftlicher Unterentwicklung und kultureller Identitätssuche. Grenz- und Territorialkonflikte, ethnische Unterdrückung und separatistischer Protest, Bürgerkriege und Hungerrevolten sind einige der Folgen, die laufende Destabilisierungsprozesse verstärken und damit der weltweiten Tendenz zu einer staatlichen Fragmentierung weiter Vorschub leisten. Bezeichnenderweise ereigneten sich die weitaus meisten der insgesamt 189 kriegerischen Auseinandersetzungen, die nach 1945 stattfanden, in den Regionen des ‚Südens‘ – mit mehr als 25 Millionen Toten und wohl weit über 100 Millionen Flüchtlingen.

Hoffnungen, das Ende des Ost-West-Konflikts werde weltweit zu einem Abflauen des Kriegsgeschehens führen, wurden bislang bitter enttäuscht. Das Gegenteil ist der Fall: Nicht nur hat in den Regionen des ‚Südens‘ die Zahl der Konflikte weiter zugenommen; durch den Zerfall der Sowjetunion und die Expansion fundamentalistisch-islamischer Bewegungen ist an der südlichen Peripherie des früheren sowjetischen Imperiums eine neue Krisenzone entstanden – in einem breiten Bogen, der von den neuen zentralasiatischen Republiken über die Kaukasusregion bis zum Balkan reicht. Blutige Konflikte – in Tadschikistan, Aserbeidschan, Armenien, Georgien und im ehemaligen Jugoslawien – haben hier 1990–93 zu ca. 5 Millionen Flüchtlingen geführt.

Einen zweiten Prozeß markiert die Entstehung eines stark arbeitsteilig strukturierten, sich immer enger verflechtenden Weltwirtschaftssystems aufgrund einer Abfolge wissenschaftlich-technischer Revolutionen, die sich gerade in den letzten Jahrzehnten weiter beschleunigten. Während die Wachstumspole dieses Systems bis weit in die 1970er Jahre hinein im nordatlantischen Raum lagen, kristallisierte sich seither in der asiatisch-pazifischen Region ein weiteres Zentrum heraus, das derzeit deutlich an Kraft und Ausdehnung gewinnt – mit Schwerpunkten in Japan, Taiwan, Südkorea und Südostasien.

Die weltweiten Auswirkungen dieses Systems sind sehr unterschiedlich. Während sich die Staaten der Wachstumsregionen großer politischer Stabilität und wirtschaftlicher Stärke erfreuen, leiden in anderen Regionen der Welt zahlreiche Staaten unter wirtschaftlicher Marginalisierung und Massenarmut – aufgrund kolonialer Abhängigkeiten, ungünstiger Ressourcenausstattung, ungerechter internationaler Rahmenbedingungen und unfähiger Eliten. Im Jahr 1973, als der damalige Weltbankpräsident Robert McNamara die Weltöffentlichkeit erstmals auf diese Problematik hinwies, hatte die Zahl der ‚absolut Armen‘ in der Welt ‚erst‘ 500–800 Millionen betragen. Die zu Beginn der 1980er Jahre veröffentlichten Berichte der Weltbank und des UNDP zeigten, daß die Zahl der in absoluter Armut lebenden Menschen inzwischen die Milliardengrenze deutlich überschritten hatte.

Die signifikante Verschlechterung der Lebensbedingungen hat zur Folge, daß sich Millionen von Menschen, insbesondere in den von Armut und Arbeitslosigkeit gezeichneten ländlichen Regionen, auf die Suche nach neuen, besseren Existenzbedingungen machen. Ziele dieser – zum großen Teil internen – Wanderungen sind zum einen ebenfalls ländliche Gebiete, zum anderen die Städte, deren Zahl und Größe unaufhaltsam wächst. Lebten Mitte des 20. Jahrhundert noch 83 Prozent der Bevölkerung der Entwicklungsländer auf dem Lande, so wird der Anteil der Landbevölkerung am Ende des Jahrhunderts auf nur noch 60 Prozent geschätzt. Das umgekehrt proportionale Wachstum der Städte zu etwa 60 Prozent wird auf die Abwanderung aus den ländlichen Gebieten zurückgeführt. Als wichtigste Bestimmungsfaktoren für diesen Exodus in die urbanen Ballungszentren – unter denen die Zahl der ‚Megastädte‘ wächst – gelten zwei Ursachenkomplexe: auf der einen Seite die wirtschaftliche Überforderung der ländlichen Gebiete durch hohes Bevölkerungswachstum, zunehmende Umweltzerstörung, zu niedrige Investitionen in den arbeitsintensiven Kleinbetrieben sowie eine ungleiche und ungerechte Landverteilung, die Landlosen und Kleinbauern keine Lebensperspektive bietet; auf der anderen Seite bessere Arbeitsmarktchancen im formellen wie im informellen Sektor der Städte, ein besseres Angebot an Dienstleistungen, vor allem aber attraktive neue Lebensstile. Trotz der desolaten Situation, in der viele Menschen in den Städten leben, ist deren Anziehungskraft ungebrochen, bildet ihr Wachstum eines der größten Probleme der Entwicklungsländer.

Deutlich geringere Ausmaße als die internen Migrationsbewegungen – allein die Landflucht wird auf einen Umfang von jährlich 20–30 Millionen Menschen geschätzt – haben die grenzüberschreitenden Wanderungen: Nach Schätzungen von Weltbankexperten umfaßten sie 1990 weltweit ca. 100 Millionen Menschen, einschließlich 17 Millionen Kriegs- und Bürgerkriegsflüchtlinge. Ein beträchtlicher Teil der Migranten wanderte in die westlichen Industriestaaten – ca. 10 Millionen kamen in den 1980er Jahren in die USA, ungefähr ebenso viele nach Westeuropa. Andere Zielländer, vor allem von Kontraktarbeitern, waren im Mittleren Osten die Golfstaaten, in denen sich Ende der 80er Jahre etwa 17 Millionen Arbeitswanderer aufhielten; in Asien Japan und die ‚Kleinen Tiger‘ (Südkorea, Singapur, Taiwan, Hongkong); in Afrika die westafrikanischen Staaten Nigeria, Ghana und die Elfenbeinküste, deren Plantagenwirtschaften einen hohen Arbeitskräftebedarf aufweisen; in Südafrika die Südafrikanische Union. UN-Schätzungen zufolge beläuft sich die Zahl der grenzüberschreitenden Migranten allein im südlichen Afrika auf 35 Millionen Menschen.

Die Auswirkungen dieser Migrationsströme auf die Land- und Stadtregionen sowie auf die Herkunfts- und Aufnahmeländer sind nur schwer zu bilanzieren: Zu den positiven Effekten zählen die Rücküberweisungen an die Heimatländer, die sich 1990 auf 71 Milliarden US-Dollar beliefen und damit die Entwicklungshilfeleistungen der OECD-Staaten weit übertrafen. In den Haushalten vieler Entwicklungsländer bilden diese Devisenüberweisungen inzwischen einen unverzichtbaren Posten. Positiv zu veranschlagen sind ferner die Entlastung der einheimischen Arbeitsmärkte sowie der über Migration erfolgende Technologietransfer. Negativ zu Buche schlägt dagegen, daß sich unter den Auswanderern und Arbeitswanderern zahlreiche gut ausgebildete Menschen befinden, die für die Entwicklung ihrer Heimatländer wichtig wären. Negativ zu bewerten sind ferner die Auswirkungen auf die

Familien, insbesondere die Belastungen, die während der oft langjährigen Abwesenheit der Haupterwerbstätigen auf die Zurückgebliebenen zukommen.

Erheblichen Einfluß auf interne wie internationale Migration haben zwei weitere Problembereiche, die in den vergangenen Jahrzehnten eine zunehmende Dynamik entwickelten:

Dabei handelt es sich zunächst – als drittem Prozeß – um die starke Zunahme der Weltbevölkerung. Von 2,5 Milliarden Menschen im Jahre 1950 verdoppelte sie sich auf 5,2 Milliarden im Jahre 1990. Bei einem in den 1990er Jahren anhaltenden jährlichen Zuwachs um 97 Millionen ist bis zum Jahre 2025 mit einem Anstieg der Weltbevölkerung auf 8,5 Milliarden zu rechnen. Verschärft wird diese Problematik dadurch, daß sich die Zunahme global sehr ungleichgewichtig vollzieht: Während die prospektiven Modellrechnungen für die entwickelten Weltregionen ein Wachstum von lediglich 1,2 Milliarden (1992) auf 1,4 Milliarden bis zum Jahr 2025 verzeichnen, sollen im gleichen Zeitraum die Bevölkerungen der weniger entwickelten Länder von 4,2 Milliarden auf 7,1 Milliarden steigen. Besonders hohe Zuwachsraten werden innerhalb dieser Ländergruppen wiederum die afrikanischen Staaten zu verzeichnen haben, deren Bevölkerung von 681,7 Millionen (1992) auf 1,6 Milliarden (2025) anwachsen wird, während im gleichen Zeitraum die Bevölkerung Asiens voraussichtlich von 3,2 Milliarden auf 4,9 Milliarden und diejenige Lateinamerikas von 458 Millionen auf 701 Millionen ansteigen wird.

In vielen der betroffenen Länder dürfte der Bevölkerungszuwachs die bestehenden Schwierigkeiten dramatisch verschärfen. Das größte Problem, aus dem sich – bleibt es ungelöst – eine Vielzahl von Folgeproblemen ergeben wird, dürfte die Arbeitslosigkeit sein. Schon heute herrscht in vielen Ländern des ‚Südens' eine bedrohliche offene und verdeckte Arbeitslosigkeit. Eine Zunahme der erwerbstätigen Bevölkerung in den 1990er Jahren um 38 Millionen jährlich – bzw. um 732 Millionen in den nächsten zwei Jahrzehnten hat wahrscheinlich eine weitere Verschärfung des Problems zur Folge. Sofern es nicht gelingt, durch erhebliche Investitionen im Bildungsbereich den neu ins Arbeitsleben drängenden Jugendlichen geeignete fachliche Qualifikationen zu vermitteln und gleichzeitig die bestehenden Arbeitsmärkte beträchtlich auszuweiten, sind Massenarbeitslosigkeit und damit eine soziale und politische Destabilisierung der betreffenden Länder vorprogrammiert. Eine stärkere Abzweigung knapper Ressourcen in den Ausbau der Sicherheitskräfte und des Militärs ist unter diesen Umständen wahrscheinlich. Eine weitere Konsequenz wäre die erhebliche Zunahme der regionalen und überregionalen Wanderungen, von der insbesondere die Grenzzonen der prosperierenden Weltregionen betroffen sein werden. So muß sich Westeuropa auf eine schnell wachsende Zuwanderung einstellen: aus den sechs nordafrikanischen Ländern, deren Bevölkerung von 147,7 Millionen Menschen (1992) auf 280,4 Millionen (2025) steigen wird, aber auch aus den Ländern des östlichen Mittelmeers.

Unmittelbar verbunden mit den Problemen der Armut und des Bevölkerungswachstums ist schließlich ein weiterer – vierter – Prozeß, der zunehmende Bedeutung für das Weltwanderungsproblem gewinnt: die weltweite Schädigung der Umwelt. Die Umweltzerstörung hat viele Ursachen; zu ihnen gehören neben der Armut und dem Bevölkerungswachstum eine um sich greifende Industrialisierung auf der Grundlage fossiler Energieträger, die Schaffung von Rohstoffmonokulturen zur Erzeugung von Exportprodukten, umfangreiche Bergbauprojekte und Staudämme, die Kontaminierung ganzer Regionen durch Industriegifte, freigewordene Radioaktivität und Schadstoffemissionen, um nur einige zu nennen.

Nicht minder vielfältig wie die Ursachen der Umweltschädigung sind ihre Auswirkungen. Sie zeigen sich in der Überfischung der Meere, in der Verseuchung von Flüssen oder Seen und der Vergiftung des Grundwassers durch Gülle, Dünger und Pestizide. Sie zeigen sich ebenso in der Abholzung der großen Regenwälder – von denen allein zwischen 1981 und 1990 154 Millionen Hektar vernichtet wurden – wie in der Versalzung, Versandung, Auslaugung und Überwässerung der Böden. Nachdem schon in den vergangenen Jahrzehnten große Teile wertvollen Weide- und Ackerlandes der Erosion und der Ausbreitung von Wüsten (‚Desertifikation‘) zum Opfer fielen, droht nach Analysen der Welternährungsorganisation in den Jahren bis 2025 der Verlust weiterer 140 Millionen Hektar, sofern es nicht umgehend zu einer Kurskorrektur kommt. Dieser Zerstörung von kultivierbarem Land kommt eine besondere Bedeutung zu angesichts der Warnungen angesehener Forschungsinstitute, daß die landwirtschaftliche Produktion nicht mehr mit dem Bevölkerungswachstum Schritt halte und deshalb auch außerhalb der Hungerzonen Afrikas mit Lebensmittelengpässen und Hungersnöten gerechnet werden müsse.

Es ist evident, daß die massive Schädigung der Umwelt die Existenzgrundlagen vieler Menschen nachhaltig beeinträchtigt. Dabei reichen die Folgen von gesundheitlichen Schäden bis zur Bedrohung der materiellen Existenz infolge der Vernichtung der Lebensgrundlagen. Die Aufgabe traditioneller Wohngebiete ist unter diesen Umständen eine Frage des Überlebens. Auf bis zu

850 Millionen Menschen schätzt das UN-Umweltpro-
gramm die Zahl der Menschen, die in ökologisch labilen
Gebieten siedeln. Die Zahl der durch Umweltverände-
rungen und -zerstörungen gefährdeten Menschen würde
dramatisch weiter zunehmen, wenn die Folgen eintreten,
die bei einer signifikanten Erwärmung der Erdatmosphäre infolge des Treibhauseffektes vorhergesagt sind. Allein
der für diesen Fall prognostizierte Anstieg des Meeresspiegels würde viele Millionen Menschen in den dichtbe-
siedelten Flußtälern und Küstengebieten zur Flucht in
höhergelegene Gebiete zwingen. Kämpfe um Land und
Boden größeren Ausmaßes wären die voraussichtliche
Folge. Der Teufelskreis würde sich schließen, denn mit
der Flucht aus der zerstörten Umwelt stiege die Zahl der
Flüchtlinge insgesamt sprunghaft an.

Die skizzierten vier Prozesse beeinträchtigen in vielen
Weltregionen nachhaltig die materiellen Grundlagen für
eine politisch und wirtschaftlich sichere Lebensgestaltung
und tragen so zur Entwurzelung von Millionen von Menschen bei. Hinzu kommt, als ein in seiner Bedeutung häufig übersehener und unterschätzter mentaler Problembereich, die geistige Entfremdung und Heimatlosigkeit, die
schleichende Erosion traditioneller Werthaltungen und
Weltanschauungen. Wesentlichen Anteil daran hat, neben
dem Zerfall der sie tragenden traditionellen wirtschaftlichen, politischen und sozialen Strukturen, die imaginative
Kraft von Lebensstilen, wie sie sich in den Industriestaaten des Westens entwickelt haben. Von den einheimischen Eliten imitiert und von modernen Medien bis in die
entferntesten Gegenden der Welt transportiert, schwächen sie die traditionellen sozialen Bindungen und Loyalitäten, unterminieren bestehende Hierarchien und Strukturen. Gleichzeitig mit der Lockerung der materiellen
und geistigen Bindungen aber verstärken sich im Wande-

rungsgeschehen die Anziehungskräfte, die von den Vorposten und Metropolen der westlichen Zivilisation ausgehen.

2.3. Globale Handlungsspielräume und Gestaltungsperspektiven

Wanderung, so wurde zu Beginn festgestellt, ist keine Anomalie menschlichen Verhaltens, sondern Ausdruck des menschlichen Strebens, sich schwierigen, gefährlichen Lebensbedingungen zu entziehen und andernorts neue, bessere zu suchen. Es dürfte derzeit in der Welt nur wenige Gesellschaften geben, die nicht mehr oder minder stark durch räumliche Bevölkerungsbewegungen geprägt sind. Wanderung hat jedoch ein Doppelgesicht: Sie birgt für Beteiligte und Betroffene – seien es Einzelne oder Gesellschaften – Chancen wie Bedrohungen. Die ersteren zu nutzen und zu steigern, die letzteren aber zu beseitigen oder doch zu verringern, sind zentrale politische Aufgaben.

Da es sich bei den Flucht- und Migrationsbewegungen unserer Zeit um ein weltweites Phänomen handelt, das in seinen tieferen Ursachen und Folgen den Rahmen und die Kraft einzelner Gesellschaften weit übersteigt, bedarf es zu seiner Entschärfung regional und international abgestimmter und koordinierter Strategien. Besondere Verantwortung kommt bei ihrer Entwicklung und Durchführung den politisch stabilen und wirtschaftlich starken Staaten und Regionen der Welt zu. Europa, insbesondere Westeuropa, bildet eine solche Region; die Europäische Gemeinschaft ist eine der stärksten Wirtschaftsmächte der Welt. Nicht nur aufgrund einer übergreifenden internationalen Verantwortung, sondern auch aus wohlverstandenem regionalen Eigeninteresse, sollten sich ihre

Mitglieder ernsthafter mit der Wanderungsproblematik befassen, als dies bislang geschah. Denn der bisher noch vergleichsweise geringe Migrationsdruck wird weiter steigen. Eine Beschränkung auf Abschottungsmaßnahmen wird weder die erhoffte Entlastung bringen, noch wird sie der Gesamtproblematik und der humanistischen Tradition Europas gerecht.

Vergegenwärtigen wir uns, daß den Wanderungsbewegungen unserer Zeit im umfassenden Sinne vor allem strukturelle Probleme zugrunde liegen, so wird deutlich, daß sich Gegenstrategien – wie immer sie aussehen und wo immer sie ansetzen mögen – nicht mit dem Transfer von Ressourcen begnügen können, sondern auch, ja vor allem strukturverändernde Maßnahmen umfassen müssen. Das gilt für die internationalen wirtschaftlichen und politischen Rahmenbedingungen ebenso wie für die inneren Strukturen der Gesellschaften des ‚Südens‘, des ehemaligen ‚Ostens‘ und des ‚Westens‘. Solche Veränderungen setzten insbesondere zweierlei voraus: einerseits die Schaffung geeigneter regionaler und internationaler Organisationen zur Förderung eines kooperativen und konstruktiven Dialogs sowie andererseits den Abbau überzogener Anspruchshaltungen und Lebensstile, wie sie insbesondere, aber nicht nur die westlichen Gesellschaften prägen. Das eine bedingt daher das andere: Ohne eine Senkung der Anspruchshaltungen wird auch die Bereitschaft zu strukturellen Veränderungen in engen Grenzen bleiben.

Ein weiterer Gesichtspunkt bleibt zu berücksichtigen: Da die tieferen Ursachen der Wanderungsbewegungen Teil historisch weit zurückreichender, hochkomplexer Prozesse sind, die nur langsam korrigiert oder umgeleitet werden können, ist selbst bei einer schnellen und energischen Bekämpfung der Ursachen nicht mit kurzfristigen

Erfolgen zu rechnen. Eine problemadäquate Strategie darf sich deshalb nicht nur auf die Entschärfung der Ursachen beschränken. Sie muß auch Maßnahmen zu einer rationalen und humanen Gestaltung der Migrationsprozesse sowie zur Integration eines Teils der Migranten in die Gesellschaften der Zielländer enthalten.

Insgesamt gesehen muß eine langfristig angelegte, der Komplexität der Problemlagen gerecht werdende Strategie verschiedene zentrale Aufgabenbereiche umfassen. Dazu zählen: Maßnahmen zur Verhinderung von Flucht- und Zwangswanderungen, insbesondere durch eine gezielte Ursachenbekämpfung; Maßnahmen zur Vorbereitung und Unterstützung von Migrationsvorhaben in Fällen, in denen Migration unvermeidlich ist (Umsiedlungsprogramme); Maßnahmen zur Erleichterung der Lage von Flüchtlingen und Migranten (z. B. Schaffung international verbindlicher Normen und funktionsgerechter, arbeitsfähiger Hilfsorganisationen); Maßnahmen zu einer sicheren Rückführung von rückwanderungswilligen Flüchtlingen und Migranten und zu ihrer Reintegration in den Heimatländern; Maßnahmen zum Schutz und zur Förderung der Integration in den Aufnahmeländern.

Alle diese Teilbereiche bilden eine Einheit, aus der kein Element herausgebrochen werden darf ohne die Wirkung der Gesamtstrategie zu beeinträchtigen. Daß es nicht leicht sein wird, für jeden dieser Teilbereiche sachadäquate Strategien zu entwickeln, liegt auf der Hand. Daß es noch schwerer sein wird, für die entwickelten Lösungen international politische Zustimmung zu finden und sie dann in die Praxis umzusetzen, zeigten der Verlauf des Rio-Umweltgipfels und der GATT-Verhandlungen. Dennoch müssen wir uns der Problematik stellen, solange sie noch handhabbar ist.

3. Rahmenbezug II: Bevölkerung und Wanderung in Europa

Von Rainer Münz

3.1. Wieviele Einwohner hat Europa?

Die Mehrzahl der Europäer lebt heute politisch und geographisch im ‚Westen'. Die größte Gruppe bilden die 12 EG-Staaten mit derzeit 349 Millionen Einwohnern. Auch mit der nächsten EG-Erweiterung kann diese Staatengruppe aus demographischer Sicht nicht mehr sehr stark wachsen; denn die 7 EFTA-Staaten haben zusammen nur 33 Millionen Einwohner. In der östlichen Hälfte Europas leben etwa 198 Millionen Menschen in 18 mehrheitlich recht jungen Staaten. Nur halb zu Europa zählen schließlich Rußland, die Türkei, Zypern und Malta mit zusammen 211 Millionen Einwohnern. Je nach Zählweise und Grenzziehung umfaßt Europas Bevölkerung in den frühen 1990er Jahren also zwischen 580 und 791 Millionen Menschen, darunter auch mehrere Millionen Nicht-Europäer.

Unmittelbar vor der ‚Haustüre' dieses Europa leben weitere 140 Millionen Menschen am südlichen und östlichen Rand des Mittelmeers, 61 Millionen in der Türkei, 16 Millionen südlich des Kaukasus und 53 Millionen in den zentralasiatischen Republiken der GUS. Alle diese Regionen sind für uns nicht zuletzt wegen ihres Migrationspotentials von Bedeutung.

Zwischen 1960 und 1992 wuchs die Einwohnerzahl aller (heutigen) EG-Staaten um 53 Millionen (+ 18 Prozent) und die der (heutigen) EFTA-Staaten im gleichen Tempo um 5 Millionen (+ 17 Prozent). In der östlichen Hälfte Europas leben heute 39 Millionen Menschen mehr (+ 25 Prozent) als zu Beginn der 1960er Jahre. Noch etwas größer war in dieser Zeit das Tempo des Bevölkerungswachstums in Rußland (+ 31 Millionen bzw. + 27 Prozent), erheblich größer in der Türkei (+ 33 Millionen bzw. + 118 Prozent).

Fast überall in Europa schwächten sich die Zuwächse während der 1970er und 1980er Jahre deutlich ab. Heute wächst Europas Bevölkerung nur noch um 0,2–0,3 Prozent pro Jahr. In einer Reihe von Ländern sind die Einwohnerzahlen bereits rückläufig – unter anderem in Bulgarien und Ungarn, in Estland und Lettland sowie in Irland. Die Bevölkerung in Deutschland würde ohne die Zuwanderung von Ausländern und Aussiedlern ebenfalls schrumpfen.

Im Vergleich dazu boomt die Bevölkerungsentwicklung an der südlichen und östlichen Peripherie. In Nordafrika hat sich die Bevölkerung seit 1960 beinahe verdreifacht (1992: 128 Millionen). Die Hälfte der dort lebenden Menschen ist unter 18 Jahre alt. Die jährliche Zuwachsrate liegt heute immer noch bei 2,5 Prozent. Ähnliches gilt für die Türkei mit derzeit über 61 Millionen Einwohnern und einem jährlichen Zuwachs von 2,0 Prozent. Millionen von Emigranten aus diesen beiden Regionen sorgten dafür, daß die Zuwächse nicht noch höher ausfielen. Auch in Armenien und den mehrheitlich islamischen GUS-Republiken wächst die Bevölkerung weiterhin kräftig (0,8–2,5 Prozent pro Jahr), in Rußland, der Ukraine und Weißrußland hingegen kaum noch (0,1–0,2 Prozent).

3.2. Europaweite Trends

Trotz aller Vielfalt wird die Bevölkerungsentwicklung in den meisten Ländern unseres Kontinents durch dieselben Trends bestimmt. Einer davon ist die gesunkene Geburtenrate mit der Folge niedrigerer Kinderzahlen.

Weniger Kinder

Auf den Baby-Boom der Nachkriegszeit folgten seit den 1960er Jahren fast überall Geburtenrückgänge. Rumänien, Ungarn und die DDR vermochten diese Entwicklung Ende der 1960er bzw. Mitte der 1970er Jahre durch politische Maßnahmen für ein paar Jahre umzukehren. Dauerhaften Erfolg hatte staatliche Poltik nur in Schweden, wo die Geburtenrate seit einem Jahrzehnt kontinuierlich steigt. In den meisten Ländern hat sie sich hingegen auf niedrigem Niveau eingependelt.

Weit über dem europäischen Durchschnitt (1,7 Kinder pro Frau) bewegt sich die Kinderzahl heute trotz der dort auch sinkenden Tendenz nur mehr in Albanien (3,0 Kinder) und im benachbarten Kosovo (3,6 Kinder). Knapp über der ‚magischen Schwelle‘ von 2,0 Kindern pro Frau liegen derzeit noch Moldavien, Polen, Mazedonien, Rumänien, die Slowakei, Irland, Island und – seit neuestem wieder – Schweden. Überall sonst in Europa werden im Schnitt weniger Kinder zur Welt gebracht. Schlußlichter sind heute die bis vor einer Generation besonders kinderreichen südeuropäischen Länder Italien und Spanien (1,3 Kinder), gefolgt von Deutschland und Griechenland (1,4 Kinder), Österreich und Portugal (jeweils 1,5 Kinder).

Zweiter europaweiter Trend ist die steigende Lebenserwartung. Im Westen waren die Zuwächse seit 1960 größer als in der östlichen Hälfte Europas und in der ehemaligen UdSSR. In diesem Zeitraum verbesserten sich die Überlebenschancen sowohl im Säuglingsalter als auch im Jugend- und Erwachsenenalter.

Heute sterben in Europa nur 11 von 1000 Neugeborenen schon im ersten Lebensjahr. Am höchsten ist die Säuglingssterblichkeit im Kosovo (51 auf 1000), in Albanien (33 auf 1000), in Mazedonien (32), in Rumänien (23), in Moldavien (20) und in Rußland (18). Am anderen Ende der Skala liegen die EG- und EFTA-Staaten mit einer Säuglingssterblichkeit von 6–8 auf 1000 Neugeborene (Ausnahme: Portugal mit 11).

Insgesamt beträgt die durchschnittliche Lebenserwartung in Europa derzeit 74 Jahre. Frauen werden im Schnitt 79 Jahre alt, 6 Jahre mehr als 1960. Männer werden nur 72 Jahre alt, immerhin fast 5 Jahre mehr als noch 1960. Am ältesten werden die Schweden, Isländer, Norweger, Niederländer, Franzosen, Schweizer und Spanier. Ihre Lebenserwartung liegt derzeit (im Schnitt für beide Geschlechter) bei 77–78 Jahren. Zehn Jahre früher müssen im Schnitt die Russen und Moldavier sterben (69 Jahre). Ähnlich niedrig ist die durchschnittliche Lebensspanne heute im angrenzenden Rumänien, im Baltikum und in Ungarn (70 Jahre).

Gesunkene Kinderzahlen und die wachsende Lebenserwartung bewirken, daß Europas Bevölkerung langfristig altert. 1960 waren rund 10 Prozent aller Einwohner Europas über 65 Jahre alt. Derzeit sind es bereits 13 Prozent. Am weitesten fortgeschritten ist dieser Alterungsprozeß in Schweden, Norwegen, Dänemark und Großbritannien. Die relativ jüngste Bevölkerung haben hingegen Albanien, Bosnien, Mazedonien, Moldavien und der Inselstaat Malta.

3.3. Migration nach und in Europa

Das Ende des Kolonialzeitalters und der Beginn der europäischen Arbeitskräftewanderung

Seit Mitte der 1950er Jahre bestimmten ganz unterschiedliche Typen und Phasen von Wanderungen die Migration in Europa. Zuerst kehrten im Zuge der Entkolonialisierung ‚weiße‘ Kolonisten, Beamte und Soldaten nach Großbritannien, Frankreich, Belgien, in die Niederlande und später nach Portugal zurück. Ihnen folgten Einheimische aus den ehemaligen Überseegebieten. Die meisten von ihnen kamen als Arbeitskräfte, etliche aber auch als ethnische und politische Flüchtlinge. Erleichtert wurde diese Wanderung anfangs dadurch, daß die ‚Mutterländer‘ den Bewohnern ihrer ehemaligen Überseegebiete entweder die Staatsbürgerschaft zuerkannten oder sie zumindest als bevorzugte Ausländer behandelten.

Einen zweiten wichtigen Migrationsstrom bildete die ‚Gastarbeiter‘-Wanderung. Nach der Integration von Vertriebenen und Kolonial-Heimkehrern begannen die stärker industrialisierten Länder Westeuropas, ihren zusätzlichen Bedarf an Arbeitskräften durch Anwerbung von Migranten im Mittelmeerraum zu decken. Gedacht wurde dabei, mit unterschiedlicher Ausprägung von Land zu Land, an Fluktuation im Zeitvertrag (‚Rotationsmodell‘). In der Regel erfolgte die Anwerbung im Rahmen bilateraler Verträge: zuerst in Italien, Spanien, Portugal und Griechenland, später auch in der Türkei, in Jugoslawien und in den nordafrikanischen Maghreb-Staaten. In Deutschland setzte die Anwerbung von ‚Gastarbeitern‘ erst nach dem Bau der Mauer voll ein. Bis 1961 hatte der Zustrom von Deutschen aus der DDR für zusätzliche Arbeitskräfte gesorgt.

Vom ‚Gastarbeiter‘ zum Einwanderer

In der ersten Hälfte der 1970er Jahre veränderten das Nachrücken geburtenstarker Jahrgänge auf den Arbeitsmarkt und eine deutlich schlechtere Konjunktur die Lage. Auf die Krise nach dem ersten ‚Erdöl-Preisschock‘ von 1973 reagierten die westeuropäischen Staaten mit einem ‚Anwerbestopp‘ und mit restriktiveren Zuzugsbestimmungen für die Bewohner ehemaliger Überseegebiete.

Der Anwerbestopp hatte eine unerwartete, aber höchst folgenreiche Nebenwirkung: Er wurde von vielen Arbeitsmigranten als Signal zum Dableiben verstanden. Die Rückkehr ins jeweilige Herkunftsland wurde hinausgeschoben, weil die Arbeitsmigranten zu Recht befürchten mußten, daß die hochindustrialisierten Aufnahmeländer sie kein zweites Mal hereinlassen würden. Damit war das ‚Rotationsmodell‘ endgültig gescheitert.

Aus Arbeitswanderern, auf die der Begriff ‚Gastarbeiter‘ ursprünglich paßte, wurden schrittweise Einwanderer, d. h. die Arbeitswanderer richteten sich immer stärker auf einen langen, vielleicht lebenslangen Aufenthalt ein. Da dies von den Zielländern nicht geplant war, fehlte jede klare Integrationsperspektive.

Durch den geänderten Zeithorizont gewann ein dritter Typ von Migration erheblich an Bedeutung: der Familiennachzug. Das ‚Schlupfloch‘ der Familienzusammenführung bewirkte, daß sich in vielen westeuropäischen Staaten zwar die Zahl der legal beschäftigten ausländi-

schen Arbeitskräfte durch Anwerbestopp und Rückkehr-
prämien verringerte, nicht aber die Zahl der Ausländer.
Deutschland ist dafür ein typisches Beispiel. Hier gab es
1993 zwar 25 Prozent weniger ausländische Arbeitskräfte
als 1973, aber die Zahl der Ausländer hat sich in den
letzten 20 Jahren mehr als verdoppelt. Durch den Nach-
zug von Ehefrauen und Kindern veränderten sich nicht
nur die Erwerbsquoten, sondern auch Sozialstruktur und
Lebensformen der zugewanderten Minderheiten. Heute
lebt die große Mehrzahl in Familien.

Mobile Eliten, mobile Alte

Ein vierter Typ von Massenmigration bleibt in der Regel
unbeachtet. Es handelt sich um die Wanderungen von
Managern international operierender Konzerne, Wissenschaftlern, Diplomaten, Künstlern, Beamten internationaler Organisationen. Auch sie konkurrieren in vielen
Fällen mit Einheimischen um begehrte Wohnlagen und
Arbeitsplätze. Dennoch wurden sie bemerkenswerter-
weise kaum je zur Zielscheibe von Fremdenfeindlichkeit
und Gewaltakten. Die Elitenwanderung hat inzwischen
Massencharakter angenommen. Dennoch gilt sie als un-
problematisch, obwohl die betroffenen Manager, Wissenschaftler und Beamten meist noch viel weniger Assimila-
tionsbereitschaft zeigen als die nicht privilegierten Arbeitsmigranten.

Weniger unbemerkt blieb die internationale Wanderung wohlhabender Rentner – vorwiegend aus Großbritannien und Deutschland. Sie haben sich in großer Zahl in
Südportugal, an der spanischen und französischen Mittel-
meerküste und am Südrand der Alpen niedergelassen. Im
Gegensatz zu den Business-Eliten lösten diese Alterswan-
derer in etlichen Orten erhebliche Angst vor ,Überfrem-

dung' und Widerstände gegen den ‚Ausverkauf der Heimat' aus.

Politische Flüchtlinge, Wirtschaftsmigranten, Gewaltopfer

Der fünfte Typ von Massenmigration begann in den 1950er Jahren als Flüchtlingsstrom aus Osteuropa und der ‚Dritten Welt'. Anfänglich spielten politische Gründe als Fluchtmotiv eine zentrale Rolle. Heute sind wir in viel größerem Umfang mit Armut, Krieg und ethnischen Konflikten als Wanderungsursachen konfrontiert.

Solange der Eiserne Vorhang noch existierte, wurden Flüchtlingswellen nur durch gravierende politische Krisen ausgelöst: 1956/57 verließen rund 180 000 Ungarn ihr Heimatland, bevor das Kádár-Regime im Schutz sowjetischer Truppen den Eisernen Vorhang zwischen Österreich und Ungarn wieder dichtmachte. Niemand fragte nach der individuellen Motivation. Schon aus der Logik des Kalten Krieges galt jeder, der damals aus dem Osten kam, im Westen als ‚echter' Flüchtling. 1968/69 kehrten rund 200 000 Tschechen und Slowaken vor und während der Niederschlagung des Prager Frühlings ihrer Heimat den Rücken. Auch sie stießen im Westen auf große Sympathie. TV-Bilder und Fotos von der sowjetischen Militärintervention hatten die Öffentlichkeit sensibilisiert. 1980/81 flohen rund 250 000 Polen vor Kriegsrecht und politischer Unterdrückung. Sie wurden von der öffentlichen Meinung im Westen schon nicht mehr uneingeschränkt als politische Flüchtlinge eingestuft. Die Aufnahmebereitschaft hielt sich in Grenzen. Daher konnte z. B. Österreichs Innenminister Ende 1981 für Polen die Visum-Pflicht wieder einführen, um den Zustrom zu stoppen. 1968/69 hätten Einreisebeschränkungen gegenüber Tschechen und Slowaken in Westeuropas Medien wahrscheinlich größere Entrüstung ausgelöst.

1989/90 machten sich fast 400 000 Bulgaren türkischer Abstammung auf den Weg. Sie flohen vor alltäglicher Repression, Zwangsbulgarisierung und ökonomischer Misere. Die meisten von ihnen wanderten in die Türkei aus, ehe die dortige Regierung die Grenzen zu Bulgarien schloß. Die Türkei versteht sich zwar als Schutzmacht der 1 bis 1,2 Millionen türkisch-stämmigen und slawischen Moslems in Bulgarien, war und ist aber nicht gewillt, sie alle aufzunehmen. 120 000 dieser Flüchtlinge kehrten in der Folge wieder nach Bulgarien zurück.

Mindestens ebenso dramatisch war die Flucht von etlichen zehntausend DDR-Bürgern in die westdeutschen Botschaften in Prag und Budapest sowie über die ‚grüne Grenze‘ aus Ungarn nach Österreich. Insgesamt überschritten nach dem Abbau des Eisernen Vorhangs rund 45 000 DDR-Bürger zwischen Juli und Oktober 1989 die ungarisch-burgenländische Grenze; zuerst illegal, später mit dem Segen der Budapester Behörden. Weitere 340 000 DDR-Bürger gelangten 1989 auf anderen Wegen in die (alte) Bundesrepublik Deutschland. Im selben Jahr kamen 377 000 deutschstämmige Aussiedler und 121 000 Asylbewerber in die BRD (1989 unter Einschluß von Familiennachzug insgesamt 1,1 Millionen Zuwanderer). 1992 betrug die Zahl der Zuwanderer in das vereinigte Deutschland ca. 860 000, unter ihnen ca. 438 000 Asylbewerber und ca. 220 000 Aussiedler.

Seit dem Fall des Eisernen Vorhangs stieg die jährliche Zahl der Zuwanderer nach Westeuropa von 1 Million (1986) auf etwa 3 Millionen (1992). Im gleichen Umfang wuchs die Abwanderung aus der östlichen Hälfte Europas. Aus der Sowjetunion z. B. kamen 1987 erst 39 000 Migranten in den Westen, nach ihrem Ende, 1990, waren es bereits 420000 und 1991 noch einmal so viele. Fast alle Migranten aus der östlichen Hälfte Europas waren Angehörige ethnischer oder religiöser Minderheiten. Ein Exodus der Mehrheitsvölker – also der Russen, Ukrainer, Weißrussen oder Kasachen – kam hingegen bis heute nicht in Gang. Ähnliches gilt für Rumänien und Bulgarien. Auch von dort kamen während der letzten Jahre überwiegend Angehörige von Minderheiten – Roma, Moslems, ,Volksdeutsche', Ungarn – in angrenzende Länder und in den Westen.

Fluchtursache: Krieg und ,ethnische' Säuberungen

Die derzeit größte Flüchtlingswanderung auf europäischem Boden begann 1991 mit dem Zerfall Jugoslawiens und den Kriegen in Kroatien und in Bosnien-Herzegowina. Rund 4,6 Millionen Menschen sind seither aus dieser Region geflüchtet oder vertrieben worden. Von ihnen gelangten nicht einmal 700000 nach Westeuropa, darunter 355000 nach Deutschland, 80000 in die Schweiz, 74000 nach Schweden, 73000 nach Österreich und 70000 nach Großbritannien. Diese Zahlen haben sich seit Mitte 1993 kaum verändert, weil in der Zwischenzeit fast alle europäischen Staaten ihre Grenzen für Flüchtlinge aus Kroatien, Bosnien und dem Kosovo geschlossen haben. 4,3 Millionen Kriegsflüchtlinge und Opfer ethnischer Säuberungen befinden sich deshalb noch auf dem Boden Ex-Jugoslawiens: 800000 in Kroatien, 560000 in Serbien, 65000 in Montenegro, 35000 in Slowenien, 32000 in Mazedonien und über 2,8 Millionen in Bosnien-Herzegowina, dessen Bevölkerung in jeder Hinsicht die Hauptlast dieses Krieges zu tragen hat. Insgesamt stieg die Zahl der Flüchtlinge und Vertriebenen innerhalb bzw. aus dieser Region zwischen

Oktober 1992 und Oktober 1993 von 2,6 auf fast 5 Millionen.

In Westeuropa hat sich die Zahl der registrierten Asylanträge seit Mitte der 1980er Jahre vervierfacht. Sie stieg von 160 000 (1985) auf 680 000 (1992). Zwei Drittel dieser Anträge wurden in Deutschland gestellt (1992: 438 000), jeder achte in Schweden (1992: 83 000). Wie erwähnt, ist die Zahl der Kriegsflüchtlinge und Opfer ‚ethnischer Säuberungen‘ in Bosnien, Serbien und Kroatien allerdings um ein Vielfaches größer.

3.4. Kleine Geographie und Statistik der Wanderungen

Woher, wohin?

Nur auf den ersten Blick bietet die ‚Geographie‘ der europäischen Wanderungen ein verwirrend vielfältiges Bild. Tatsächlich lassen sich jedoch klare Muster erkennen. Zwischen vielen Herkunfts- und Zielländern bestehen ‚privilegierte‘ Beziehungen. Frankreich hat solche Migrationsbeziehungen zu Portugal und dem Maghreb. Erstes Ziel ist es nicht bloß für Einwanderer aus seinen noch vorhandenen Überseegebieten. Auch fast alle nach Europa ausgewanderten Algerier, Tunesier, drei von vier Portugiesen und drei von fünf Auslands-Marokkaner leben in Frankreich. In Großbritannien gilt das für einen Großteil der Auslands-Iren und fast alle in Europa lebenden Inder, Pakistanis, Bangladeschis und Auswanderer aus dem anglophonen Westindien.

Ähnliches gilt für Deutschland, das längst zum wichtigsten Einwanderungsland Europas geworden ist. Hier leben fast alle deutschstämmigen Aussiedler aus Osteuropa und Zentralasien, sieben von acht Auslands-Türken, sechs von sieben Auslands-Griechen, drei Viertel aller emigrierten Ex-Jugoslawen, Polen und Österreicher mit Wohnsitz in Europa.

Während der 1950er Jahre waren die DDR und Italien in Europa die quantitativ bedeutendsten Herkunftsländer von Migranten. Die Arbeit in Westdeutschland, der Schweiz oder Frankreich bot vielen Italienern eine Alternative zur Auswanderung nach Übersee. DDR-Bürger wurden in der Bundesrepublik als Einheimische behandelt und hatten damit automatisch Zugang zum westdeutschen Arbeitsmarkt.

Nach dem Bau der Mauer und der wirtschaftlichen Integration Italiens in die EWG wurden Spanien und Portugal zu den wichtigsten Auswanderungsländern Europas, gefolgt von Griechenland und Jugoslawien, das ab 1966 als einziges kommunistisch regiertes Land dem Westen die Anwerbung von Arbeitsmigranten gestattete. Auch aus diesen Ländern waren davor Migranten in beträchtlicher Zahl nach Übersee ausgewandert. Als außereuropäische Herkunftsländer und -regionen dominierten während der 1960er Jahre Algerien, Indien, Pakistan und die Karibik. Erst während der 1970er Jahre traten die Türkei und Marokko als Hauptauswanderungsländer in den Vordergrund.

Insgesamt standen zwischen den 1950er und 1980er Jahren in Europa die Süd-Nord-Wanderungen im Vordergrund. Das galt für die innereuropäischen Wanderungen ebenso wie für Wanderungen aus einigen Ländern der ‚Dritten Welt' nach Europa. Nach einer Phase geringer internationaler Mobilität änderten sich die Migrationsströme in den späten 1980er Jahren: Es verstärkte sich vor allem die Ost-West-Wanderung. Denn mit Beginn der Perestroika wurden die Sowjetunion, ihre Nachfolgestaaten und Teile des Balkans zu einer Hauptauswanderungsregion. Das Ende der Spaltung Europas begünstigte diese Migrationsrichtung zusätzlich.

Privilegiert unter den Ost-West-Migranten waren Angehörige jener ethnischen Minderheiten, für die sich ein anderes Land (Deutschland, Israel, Griechenland, Türkei) stark machte. Sie konnten nicht bloß legal übersiedeln, sondern im Aufnahmeland auch mit staatlicher Integrationshilfe rechnen. Der Fall des Eisernen Vorhangs, steigende Arbeitslosigkeit und die sich verschärfenden ethnischen Konflikte verstärkten in der Folge auch die Migration von Angehörigen anderer Minderheiten ohne starke Lobby im Westen: Kurden, Roma, Albaner aus dem Kosovo, bulgarische Moslems; schließlich Kriegsflüchtlinge und Vertriebene aus Kroatien und Bosnien-Herzegowina. Ihnen blieb im Regelfall nur die Wahl, einen Asylantrag zu stellen oder illegal einzureisen.

Die Süd-Nord-Wanderung wird derzeit zwar weniger thematisiert, spielt aber gerade für die südeuropäischen Länder weiterhin eine zentrale Rolle. Das gilt besonders für Länder wie Italien und Spanien, in die es bis in die 1980er Jahre kaum Einwanderung gab. Aber auch nach Frankreich kommen, wenn überhaupt, eher Zuwanderer aus dem Maghreb als aus der östlichen Hälfte Europas.

Ausländer in Europa

In den frühen 1950er Jahren war die Zahl der Ausländer in den meisten Staaten Europas relativ klein. Nur 1,3 Prozent der Einwohner Westeuropas hatten damals einen fremden Paß: insgesamt 5,1 Millionen Personen, stationierte ausländische Soldaten nicht eingerechnet.

Zu Beginn der 1970er Jahre erreichten sowohl die Beschäftigung ausländischer Arbeitnehmer als auch die Ausländeranteile in Westeuropa Rekordhöhen. Insgesamt betrug die Zahl der Ausländer in Westeuropa 1970/71 fast 11 Millionen. Gemessen an der jeweiligen Gesamtbevölkerung, gab es 1970 die höchsten Ausländeranteile in den ‚Zwergstaaten' Liechtenstein (36 Prozent) und Luxemburg (18 Prozent). Der ‚Flächenstaat' mit dem höchsten Ausländeranteil war die Schweiz (18 Prozent). Im Vergleich der absoluten Ausländerzahlen lag die Bundesrepublik Deutschland 1970 schon mit 3 Millionen Ausländern an der Spitze, gefolgt von Frankreich (2,6 Millionen bzw. 5,3 Prozent der Wohnbevölkerung), der Schweiz (1,1 Millionen bzw. 17 Prozent) und Belgien (0,7 Millionen bzw. 7 Prozent).

In den darauf folgenden 20 Jahren änderte sich an dieser Reihenfolge nur wenig. Die höchsten Ausländeranteile gibt es nach wie vor in Liechtenstein (1991/92: 39 Prozent), Luxemburg (30 Prozent) und der Schweiz (18 Prozent, mit Saisonwanderern 20 Prozent). Neu ist allerdings der wachsende Ausländeranteil in den südeuropäischen Auswanderungsländern der Zeit des ‚Wirtschaftswunders': Italien, Spanien, Portugal und Griechenland wurden inzwischen selbst Ziel von Einwanderern.

Bei der Absolutzahl der Ausländer liegt Deutschland mit derzeit 6,8 Millionen weiterhin vorne. Dahinter kommen Frankreich (3,6 Millionen), Großbritannien (1,9 Millionen), die Schweiz (1,2 Millionen) und Belgien (0,9 Millionen). Insgesamt lebten 1992 rund 18,4 Millionen Ausländer legal in einem der Staaten Westeuropas. Das waren 4,9 Prozent aller Einwohner dieser Weltregion. Viele von ihnen sind bereits im Einwanderungsland zur Welt gekommen, besitzen aber nicht dessen Staatsbürgerschaft.

3.5. Blick in die Zukunft

In naher Zukunft steht der Bevölkerung Europas ein Alterungsschub bevor. Die Zahl der über 65jährigen wird sich in den kommenden vier Jahrzehnten fast verdoppeln. Außerdem wird die geringe Kinderzahl in etlichen Ländern ein Schrumpfen der inländischen Wohnbevölkerung zur Folge haben. Noch sorgen sowohl die hohe Arbeitslosigkeit als auch das wenig ausländerfreundliche Meinungsklima dafür, daß sich trotz dieser Entwicklung in Westeuropa kaum jemand für Zuwanderung einsetzt. Aber es ist durchaus vorstellbar, daß es im ersten Viertel des 21. Jahrhunderts wieder zur aktiven Anwerbung von Arbeitskräften kommen wird. Schon heute zeichnet sich eine Konkurrenz um bestimmte Personengruppen mit spezieller Qualifikation ab – von der Krankenschwester bis zum Atomphysiker. Der von manchen befürchtete ‚Brain drain‘ aus Osteuropa, Nordafrika und dem Vorderen Orient hat längst begonnen. Und die Qualifikationen, die diese Migranten mitbringen, entscheiden mit über die Attraktivität westeuropäischer Staaten als Industrie- und Dienstleistungsstandorte.

Massenmigration nach und in Europa wird es in den kommenden Jahren aber auch ohne aktive Anwerbung geben. Die Gründe liegen auf der Hand: Bei derzeit 18–20 Millionen Ausländern im EG- und EFTA-Raum sorgen schon Familiennachzug und Rückwanderung für ein gewisses Maß an Migration. Noch entscheidender ist, daß sich an den zentralen Wanderungsursachen der letzten Jahre auf absehbare Zeit kaum etwas ändern wird. Ein Ende der ethnischen Konflikte und ‚Säuberungen‘, der Kriege um Land und Ressourcen und der politischen Gewalt gegen Andersdenkende in unserer unmittelbaren

Nachbarschaft ist nicht absehbar. An der südlichen und östlichen Peripherie Europas ist das Bevölkerungswachstum ungebrochen. Die wirtschaftliche Entwicklung dieser Regionen kann mit der demographischen nicht Schritt halten. In der östlichen Hälfte Europas gibt es zwar keine Überbevölkerung. Aber dort wächst die Zahl der wirtschaftlich und sozial marginalisierten Bürger und die Zahl der Ambitionierten mit höherer Qualifikation, die in ihrem Land für sich und ihre Kinder derzeit keine Zukunft sehen.

Die ökonomische Kluft zwischen Westeuropa und seiner unmittelbaren Nachbarschaft wird also ein gewisses Maß an Migration in Gang halten, obwohl die reichen Industriestaaten derzeit alle auf Abschottung setzen. Die Wohlstandsgrenze quer durch Europa und entlang des Mittelmeeres wird sich nie mit derselben Perfektion kontrollieren lassen wie die innerdeutsche Grenze bis 1989. Das Beispiel der Grenze zwischen den USA und Mexiko sollte uns dies klar machen. Bewaffnete Grenztruppen, Zäune und eine rigide Asylpraxis sind weder die einzige noch die beste Antwort auf den Migrationsdruck in Richtung Westeuropa. Denn bloße Abschottung ist kein Ersatz für Migrationspolitik. Und sie beseitigt keine der Ursachen, die Menschen heute zum Verlassen ihrer Heimat zwingen.

Diese Diagnose macht auch klar, daß die Nationen Europas in ihrer Wanderungspolitik aufeinander angewiesen sind. Deshalb bedarf sowohl der politische Umgang mit grenzüberschreitenden Wanderungen und ihren Folgen als auch die Beseitigung von Fluchtursachen der internationalen Koordination. Ein Land allein wäre damit überfordert; selbst ein so großes und wirtschaftlich potentes wie Deutschland. Das darf allerdings nicht als Ausrede dienen, wenn Deutschland in der Migrationspolitik seinen nationalen Handlungsspielraum zu wenig ausschöpft.

4. Die Zukunft von Bevölkerung und Wirtschaft in Deutschland

Von Meinhard Miegel

Über die Entwicklung der Wirtschaft unter sich ändernden demographischen Bedingungen kann langfristig nur im Spiegel von alternativen Wenn-dann-Überlegungen spekuliert werden. Neben der Bevölkerungsentwicklung wirken zahlreiche weitere Faktoren auf die Wirtschaft ein. Veränderungen im demographischen Bereich können dabei durch kompensatorische Veränderungen in anderen Bereichen wenigstens teilweise ausgeglichen werden. Es gibt indes kritische Untergrenzen des Bevölkerungswachstums, unterhalb derer die Wirtschaft eines Landes erheblichen Schaden nimmt.[1] Daß in Deutschland in den nächsten zwei bis drei Generationen eine derartige Untergrenze unterschritten wird, kann ausgeschlossen werden. Das gilt sowohl für ein Szenario, in dem die ansässige Bevölkerung ihr derzeitiges Geburtenverhalten beibehält und die dadurch bewirkte Bevölkerungsabnahme nicht durch Zuwanderer ausgeglichen wird, als auch für ein Szenario, in dem ein Ausgleich der Bevölkerungsabnahme durch Zuwanderung erfolgt. Entsprechende Strategien vorausgesetzt, kann in beiden Szenarien für die Dauer von ein bis zwei Generationen eine beträchtliche Wirtschaftskraft aufrechterhalten werden.

4.1. Szenario I: Bevölkerung und Wirtschaft ohne Wanderungsausgleich

Bei abnehmender Bevölkerungszahl ohne Wanderungsausgleich wird Deutschland zwar an Wirtschaftskraft, an wirtschaftlicher Bedeutung in Europa und der Welt verlieren. Pro Kopf der Bevölkerung kann die wirtschaftliche Leistungsfähigkeit jedoch auch unter diesen Bedingungen hoch bleiben, möglicherweise sogar noch steigen. Voraussetzung dafür ist allerdings, daß sich das heutige Verhältnis von produzierendem und nur konsumierendem Bevölkerungsteil nur mäßig verändert und die Arbeitsproduktivität gleichbleibt bzw. weiter zunimmt.

Das Verhältnis von produzierendem und nur konsumierendem Bevölkerungsteil wird maßgeblich beeinflußt von der Entwicklung des Anteils der Erwerbsfähigen und der Nicht-Erwerbsfähigen an der Bevölkerung sowie von der Erwerbsneigung der Erwerbsfähigen. Die Arbeitsproduktivität wiederum hängt nicht zuletzt von der Altersstruktur der Erwerbsbevölkerung ab, von der auch Dynamik, Innovationsbereitschaft und Kreativität der Wirtschaft beeinflußt werden.

Die Lebensarbeitszeit müßte verlängert, die Erwerbsneigung erhöht werden

Nimmt die Bevölkerung in Deutschland künftig weiter ab, dann hat dies bis Ende der 1990er Jahre nur geringe Auswirkungen auf das Verhältnis von erwerbsfähigem und nicht-erwerbsfähigem Bevölkerungsteil. Erst in der Zeit danach wird sich das Verhältnis von Erwerbsfähigen und Nicht-Erwerbsfähigen der Zahl nach verschlechtern, weil die Gruppe der 20- bis 60jährigen, die derzeit als der

119

erwerbsfähige Bevölkerungsteil gilt, rascher schrumpft als die Wohnbevölkerung insgesamt.

Dieser Verschlechterung könnte durch eine Anpassung der Erwerbsfähigenphase an die gestiegene Lebenserwartung begegnet werden, die den tatsächlichen Lebensbedingungen der Menschen in hochindustrialisierten Ländern entspricht: Wird z. B. das Ende der Erwerbsfähigkeit, alsbald beginnend, in jedem Kalenderjahr um einen Monat verlängert, dann liegt der Erwerbsfähigenanteil an der Wohnbevölkerung auch im Jahr 2030 jedenfalls noch immer höher als er z. B. zu Beginn dieses Jahrhunderts lag.

Das Verhältnis von produzierendem und nur konsumierendem Bevölkerungsteil kann aber auch durch einen Anstieg der Erwerbsneigung der 20- bis 60 jährigen Erwerbsfähigen verbessert werden. Dafür kommen vor allem jüngere und ältere Erwerbsfähige in Betracht. Ihre Potentiale könnten zum Beispiel durch gleitenden Ein- und Ausstieg aus der Erwerbsarbeit ausgiebiger genutzt werden. Um jüngere und ältere Erwerbsfähige zu aktivieren, müßten die Schulzeiten gestrafft[2] und die Frühverrentung weniger attraktiv gestaltet werden. Ein nicht minder wichtiges Potential sind darüber hinaus die weiblichen Erwerbsfähigen. Derzeit ist ihre Erwerbsquote[3] in Westdeutschland im internationalen Vergleich unterdurchschnittlich, was natürlich nicht nur mit der Erwerbsneigung, sondern auch mit dem Angebot am Arbeitsmarkt zu tun hat. Die Erwerbsquote der Frauen könnte deutlich steigen, wenn z. B. Beruf und Familie besser miteinander vereinbar würden.

Schließlich kann eine Verminderung des Anteils Scheinerwerbstätiger an der Erwerbsbevölkerung zur Aufrechterhaltung des derzeitigen Verhältnisses von produzierendem und nur konsumierendem Bevölkerungsteil beitragen. Ein erheblicher Teil der Erwerbsbevölkerung ist heute nicht oder allenfalls zeitweise produktiv tätig. Würden z.B. die Qualifikationsprofile von Arbeitsangebot und -nachfrage einander stärker angenähert, könnte dieser Teil der Erwerbsbevölkerung deutlich produktiver sein.

Durch solche Maßnahmen können dem Arbeitsmarkt in Deutschland bis etwa zum Jahr 2030 auch ohne Zuwanderung hinreichend Arbeitskräfte zur Verfügung stehen. Die Arbeitskräftereserven der ansässigen Bevölkerung sind dann allerdings weitgehend erschöpft. Schrumpft der erwerbsfähige Bevölkerungsanteil auch über diesen Zeitpunkt hinaus noch stärker als die Wohnbevölkerung insgesamt, kann dem nur durch tiefgreifende Einschnitte in die bestehenden Wirtschafts- und Gesellschaftsstrukturen begegnet werden.

Dynamik, Innovationsbereitschaft und Kreativität in einer alternden Gesellschaft – die Schlüsselrolle des Bildungssystems

Bei einer durch sinkende Geburtenziffern und steigende mittlere Lebenserwartung schrumpfenden und zugleich alternden Bevölkerung ohne Zuwanderung müßten indes bereits lange vor diesem Zeitpunkt Maßnahmen ergriffen werden, um die wahrscheinlichen Folgen des starken Anstiegs im Durchschnittsalter der Erwerbsbevölkerung auszugleichen oder zumindest abzufedern: Noch in den 1990er Jahren wird der Anteil junger Erwerbsfähiger deutlich zurückgehen und der Anteil älterer etwas ansteigen. In den folgenden Jahrzehnten setzt sich dieser Trend verstärkt fort: In spätestens zwanzig Jahren wird unter diesen Bedingungen der deutsche Arbeitsmarkt von Erwerbspersonen dominiert, die im Durchschnitt älter als 50 Jahre sind.[4]

Wenn in einer so alten Erwerbsbevölkerung ohne Zuwanderung Dynamik, Innovationsbereitschaft, Kreativität und damit auch die Arbeitsproduktivität erhalten und nach Möglichkeit sogar noch gesteigert werden sollen, dann sind die Weichen schon jetzt zu stellen. Besonders nötig ist hier die formale und inhaltliche Umgestaltung des Bildungswesens. Dabei geht es vor allem um den Auf- und Ausbau eines umfassenden Systems der Erwachsenenbildung, für das es bislang nirgendwo zureichende Vorbilder gibt.[5]

Die Schaffung eines solchen Systems ist eine öffentliche Aufgabe von großer gesellschaftlicher Bedeutung und kann nicht etwa allein den Unternehmen anheim gestellt werden. Das Gemeinwesen hätte für diese Zwecke Lehrpersonal zu qualifizieren und gegebenenfalls auch sächliche Einrichtungen bereitzustellen. Aufgrund seiner überragenden Bedeutung müßte das System rechtlich verankert, seine Finanzierung dauerhaft geregelt werden. Der Bereitstellung ausreichender Mittel für die Erwachsenenbildung gebührt in einer abnehmenden, vor allem aber stark alternden Bevölkerung ein hoher Rang.

Von diesem Bildungssystem müssen künftig viele der Innovations- und Kreativitätsschübe ausgehen, die heute in erheblichem Umfang von frisch ausgebildeten, jungen Erwerbspersonen ausgelöst werden. Dadurch könnten die Folgen des Rückgangs jüngerer wenigstens zum Teil durch ältere Erwerbspersonen ausgeglichen werden. Die alternde Erwerbsbevölkerung müßte allerdings hinnehmen, daß lebenslanges Lernen nicht Privatangelegenheit einzelner, sondern eine gesellschaftliche Verpflichtung aller ist, die der heutigen Schulpflicht nicht nachsteht.

Über die Qualifikation der Erwerbsbevölkerung durch bestmögliche Erst- und Weiterbildung und die gezielte Erhaltung und Entfaltung des Kreativitäts- und Innovationspotentials älterer Menschen hinaus müssen Motivations- und Führungstechniken entwickelt werden, die einer alternden Erwerbsbevölkerung entsprechen. Darüber hinaus wären viele Arbeitsplätze den Fähigkeiten und Neigungen, den Möglichkeiten und Problemen älterer Erwerbstätiger anzupassen. Dazu gehört z.B., daß ältere Erwerbspersonen nicht wie bisher auf dem Höhepunkt ihrer beruflichen Laufbahn aus dem Erwerbsleben ausscheiden, sondern in Aufgabenbereiche wechseln, die mit weniger Kraft- und Zeitaufwand bewältigbar sind.

In einer ohne ausgleichende Zuwanderung abnehmenden und stark alternden Bevölkerung muß außerdem der Anteil kapitalintensiver Arbeitsplätze, namentlich im industriellen Bereich, erhöht werden. Zugleich ist der Kapitalstock, z.B. durch flexiblere Arbeitszeiten, intensiver zu nutzen. Auf diese Weise wiederum können Arbeitskräfte für den in einer alternden Bevölkerung steigenden Bedarf an Humandiensten freigestellt werden.

Senkung der Arbeitskosten

Sollte trotz dieser Maßnahmen – was durchaus möglich ist – die Arbeitsproduktivität der alternden Erwerbsbevölkerung in einem Deutschland ohne ausgleichende Zuwanderung mit der Produktivitätsentwicklung der Wirtschaft konkurrierender Länder nicht Schritt halten können, müßten die Arbeitskosten durch scharfe Einschnitte gesenkt werden. Dies ist unter anderem möglich durch die Verminderung der Soziallasten, insbesondere der Lasten der gesetzlichen Alterssicherung, aber auch der gesetzlichen Alterskranken- und Alterspflegesicherung.

In einer schrumpfenden und alternden Bevölkerung ohne zureichenden Wanderungsausgleich kann es künftig erforderlich sein, für Zwecke der Altersversorgung die erheblichen privaten Vermögen mit heranzuziehen, die ein großer Teil der Bevölkerung derzeit bildet oder erbt. Eine solche Heranziehung privater Vermögen zum Zwecke der Altersversorgung wäre durchaus gerechtfertigt, weil die private Vermögensbildung nicht zuletzt auch auf die derzeit geringe Zahl von Kindern zurückgeführt werden kann. Die durchschnittlichen Unterhaltskosten pro Kind wurden 1992 auf rund 11 000 DM pro Jahr und 220 000 DM insgesamt veranschlagt. Gäbe es in Deutschland eine bestandserhaltende Zahl von Kindern, müßten die privaten Haushalte für diese jährlich etwa 100 Milliarden DM zusätzlich aufwenden.[6] Diese nicht für Kinder aufgewandten Mittel stehen heute für Maßnahmen der privaten Altersvorsorge zusätzlich zur Verfügung.

Bei rechtzeitiger Vorwarnung dürfte sich das Gemeinwesen während der demographisch schwierigsten Phase – ab etwa 2020 – darauf beschränken können, die Arbeitskosten durch Sozialabgaben nur für die Finanzierung einer sozialen Grundsicherung bzw. des schweren Kranken- und Pflegefalles zu erhöhen.[7] Alles was darüber hinaus geht, müßte von den künftig Alten durch die Bildung individueller Vermögen heute geschaffen werden. Auf diese Weise würde auch die Kapitalbildung gefördert, die für die Schaffung besonders produktiver kapitalintensiver Arbeitsplätze notwendig ist.

Etwa zwei Drittel der Bevölkerung sind zu dieser individuellen Vorsorge durchaus in der Lage.[8] Aber auch das verbleibende Drittel würde durch diese Veränderung nicht anders gestellt sein als heute. Im bestehenden System der gesetzlichen Alterssicherung erwirbt dieses Drittel nämlich ebenfalls nur Versorgungsansprüche, die dem Existenzminimum entsprechen.

Aber auch wenn die Bevölkerung im Interesse der internationalen Wettbewerbsfähigkeit der Wirtschaft auf aufwendige soziale Sicherungssysteme verzichtet und möglicherweise sogar bereit ist, Einbußen ihres Lebensstandards hinzunehmen, dürften ohne Wanderungsausgleich weitere spürbare Veränderungen der bestehenden politischen, wirtschaftlichen und gesellschaftlichen Ordnung unvermeidbar sein.

Insgesamt ist davon auszugehen, daß eine abnehmende und alternde Bevölkerung künftig weniger belastbar sein wird als die heutige. Das wäre eine historisch neue Erfahrung; denn bisher waren die Schultern der nächsten Generation meist breiter als die eigenen. Probleme, die heute gelöst werden können, müßten deshalb auch heute gelöst und dürften nicht in die Zukunft verschoben werden; denn was heute bereits schwer lösbar ist, könnte künftig unlösbar sein. Das heißt unter anderem: Öffentliche Schulden müssen schnellstens abgebaut, vorhandene Umweltschäden beseitigt, neue vermieden werden. Dabei ist auch darauf zu achten, daß Investitionen von längerem Bestand – wie Straßen und Bauwerke – den Möglichkeiten und Bedürfnissen einer abnehmenden und alternden Bevölkerung entsprechen.

In einer schrumpfenden, vor allem aber alternden Bevölkerung ist ferner mit einer Veränderung wirtschaftlicher Zielsetzungen und Prioritäten zu rechnen. So könnte z.B. ein stark steigendes Gesundheits- und Umweltbewußtsein dazu beitragen, daß Produktivitätssteigerungen durch erhöhten Kapitaleinsatz und/oder arbeitssparende Techniken als zu ressourcen- und umweltbelastend politisch verworfen werden. Zwar würde durch diesen Bewußtseinswandel die Umwelt möglicherweise geschont werden, zugleich wäre jedoch aufgrund der möglicherweise abnehmenden wirtschaftlichen Leistungsfähigkeit ein Verfall traditioneller Vermögenswerte wahrscheinlich.

Ein solcher Verfall traditioneller Vermögenswerte könnte darüber hinaus eintreten, wenn viele alte Menschen gezwungen wären, zu beinahe jedem Preis Leistungen bei einem klein gewordenen Kreis von Erwerbsfähigen und -willigen nachzufragen. Die Übertragung einer Immobilie könnte dann beispielsweise durchaus als angemessenes Entgelt für einige Jahre der Betreuung und Pflege eines alten Menschen angesehen werden.

Anforderungen an Wirtschafts- und Infrastruktur

Eine abnehmende und stark alternde Bevölkerung wird auch an die Wirtschafts- und Infrastruktur deutlich andere Anforderungen stellen als eine kinderreiche, expandierende Bevölkerung. So dürfte in einer schrumpfenden Bevölkerung z. B. die Nachfrage nach Immobilien und Verkehrswegen sowie nach bestimmten langlebigen Gütern stagnieren und auf längere Sicht tendenziell sinken, während der Bedarf an Dienstleistungen allmählich zunehmen und dann hoch bleiben würde.

Im Infrastrukturbereich werden sinkende Kinderzahlen zu einer Verminderung des Bedarfs an Kindergärten, Schulen, Sportstätten und anderen kinder- und jugendspezifischen Einrichtungen führen. Umgekehrt wächst bei steigenden Altenzahlen der Bedarf an Alten- und Pflegeheimen. Noch größere Aufmerksamkeit als bisher wird auch den Wohnumfeld- und Naherholungsgebieten zu widmen sein. Besondere Bedeutung erlangen ferner Ausbau und Betrieb des öffentlichen Nahverkehrs. Nimmt aufgrund der demographischen Veränderungen die Wirtschaftskraft ab, dann dürfte aufgrund der bereits gegenwärtig hervorragenden Ausstattung der großen Mehrheit der Bevölkerung mit Wohnraum die Nachfrage nach zusätzlichem Wohnraum rasch sinken.

In jedem Fall müßten Infrastruktureinrichtungen – anders als bisher – im allgemeinen recht kurzfristig finanziert werden; denn in einer schrumpfenden Bevölkerung wird der Kreis ihrer potentiellen Nutznießer immer kleiner. Nur sie können jedoch zu ihrer Finanzierung herangezogen werden. Nicht selten wird es für bestimmte Infrastruktureinrichtungen binnen relativ kurzer Zeit auch überhaupt keine Nutznießer mehr geben. Dem ist bei der Finanzierung solcher Einrichtungen Rechnung zu tragen.

4.2. Szenario II: Bevölkerung und Wirtschaft mit Wanderungsausgleich

Folgt man dem zweiten Szenario, wird also unterstellt, der Bevölkerungsschwund in Deutschland würde durch Zuwanderung ausgeglichen, dann vermindern sich die skizzierten wirtschaftlichen und gesellschaftlichen Anpassungszwänge nur unter bestimmten Voraussetzungen: Die Zuwanderer müßten mehrheitlich immer dem jüngsten Drittel des erwerbsfähigen Bevölkerungteils angehören, d.h. zwischen 20 und 35 Jahre alt sein und mit vergleichsweise geringem Aufwand in den Arbeitsmarkt integriert werden können. Erfüllen sie diese Bedingungen nicht, dürfte Zuwanderung die Bewältigung der demographischen Herausforderungen durch die Wirtschaft kurz- und mittelfristig eher erschweren. Langfristig ist ihre Wirkung auf die Wirtschaft ungewiß.

Aber auch wenn die Zuwanderer jung und leicht integrierbar sind, werden in Deutschland noch immer erhebliche wirtschaftliche und soziale Anpassungsleistungen zu erbringen sein; denn die relative Zunahme des alten Bevölkerungsteils kann auch durch Zuwanderung nur verlangsamt, nicht aber verhindert werden: Wollte die Bevölkerung ihre gegenwärtige Altersstruktur aufrechterhalten, müßte sie bis 2030 auf reichlich 100 Millionen Menschen anwachsen.[9] Ein solches Bevölkerungswachstum erscheint wenig sinnvoll. Die Bevölkerung kommt mithin in beiden Szenarien nicht umhin, mit einem großen Altenanteil zu leben. Die Schwierigkeiten, die daraus erwachsen, können durch junge und integrationsfähige Zuwanderer nur gemildert werden.

Einfach erscheint in diesem Szenario nur die Aufrechterhaltung eines hohen Erwerbsfähigenanteils, obwohl auch dies im Zeitablauf immer schwieriger werden dürfte; schon die Erwerbsneigung der Zuwanderer – von der langfristigen Entwicklung über Generationen hinweg ganz abgesehen – ist mit gewissen Unsicherheiten behaftet. Sie könnten allerdings minimiert werden, wenn die Auswahl der Zuwanderer unter Gesichtspunkten ihrer Erwerbsneigung erfolgte.

Ähnliches gilt für die Arbeitsproduktivität der Zuwanderer, obwohl hier die Unsicherheiten noch größer sind. Junge Zuwanderer könnten dynamischer, innovativer, kreativer und damit auch produktiver sein als eine alternde ansässige Bevölkerung. Sicher ist das aber nicht; denn sie könnten auch eine Wirtschafts- und Arbeitskultur verinnerlicht haben, die unzureichend Raum für Dynamik und Kreativität läßt. Selbst wenn Dynamik und Kreativität bei den Zuwanderern vorhanden wären, gingen wirtschaftsbelebende Impulse nur dann von ihnen aus, wenn sie weitgehend reibungslos in die vorhandenen Strukturen eingebracht würden. Erforderten sie hingegen Änderungen dieser Strukturen, könnten sie für die Wirtschaft

allenfalls mittel- und langfristig förderlich wirken. Kurzfristig würden sie eher Reibungsverluste verursachen.

*Schlüsselrolle des Bildungssystems auch bei Wanderungs-
ausgleich*

Auch im zweiten Szenario spielt das Bildungssystem eine
maßgebliche Rolle. Ihm käme eine zweifache Bedeutung
zu: Einerseits müßte es, wie jedes Bildungswesen, den
Zuwanderern – die im Laufe der Zeit aus immer ferneren
Kulturkreisen kommen dürften – Kenntnisse, namentlich
Sprachkenntnisse, Fähigkeiten und Fertigkeiten vermitteln. Zum anderen müßte das Bildungswesen einen wichtigen Beitrag zur kulturellen und gesellschaftlichen Integration der Zuwanderer leisten; denn ohne diese Integration
wären die Zuwanderer für die Wirtschaft nur von begrenztem Nutzen. Insbesondere bestünde die Gefahr, daß sie
lange bei wirtschaftlich geringwertigen Tätigkeiten eingesetzt würden. Die Wirtschaft einer alternden Gesellschaft
aber benötigt die spezifischen Impulse junger Zuwanderer
auf allen Ebenen.

Die Dimension der Aufgaben für das Bildungswesen in
diesem Szenario spricht aus den Zuwandererzahlen, die
für einen Ausgleich des Schwundes der ansässigen Bevölkerung erforderlich wären: Im nächsten Jahrzehnt müßten
im Jahresdurchschnitt etwa 300 000 Menschen nach
Deutschland kommen, im dann folgenden Jahrzehnt etwa
450 000 und danach etwa 600 000 jährlich.[10] Alle diese
Menschen, die in ihrer großen Mehrheit als Erwachsene
nach Deutschland kämen, müßten – neben vielen hundert-
tausend Erwachsenen, die bereits in Deutschland ansässig
sind – ein umfassendes Bildungs- und gegebenenfalls Aus-
bildungssystem durchlaufen. Die Formen, in denen dies
geschehen könnte, müßten erst noch entwickelt werden.

Gelänge es auf diese Weise, den Schwund der ansässigen Bevölkerung durch wirtschaftlich, gesellschaftlich und kulturell integrierte junge, leistungsbereite Zuwanderer auszugleichen, könnten der Anstieg der Soziallasten für den erwerbstätigen Bevölkerungsteil verlangsamt, der Verfall traditioneller Vermögenswerte vermindert, die überkommene Wirtschafts- und Infrastruktur länger aufrechterhalten und der wirtschaftliche Rang Deutschlands in Europa und der Welt noch für geraume Zeit gewährleistet werden. Dennoch könnte sich auch unter diesen Bedingungen das Wirtschafts-, vor allem aber das internationale Wettbewerbsgefüge nachhaltig verschieben.

Das gilt besonders dann, wenn die Zuwanderer die wirtschafts- und arbeitskulturellen Einstellungen, die sich im Laufe vieler Generationen in Deutschland gebildet haben, nicht zureichend verinnerlichten und statt dessen dauerhaft an Einstellungen der Wirtschafts- und Arbeitskultur ihrer Herkunftswelt festhielten. Das ist um so wahrscheinlicher, je größer und geschlossener die Zuwanderergruppen sind. Weil die Orientierung der Zuwanderer von entscheidender Bedeutung für ihre Rolle im Wirtschaftsleben Deutschlands ist, kommt Bildung und Ausbildung für die Zukunft einer schrumpfenden und alternden Bevölkerung gerade auch bei Wanderungsausgleich eine Schlüsselrolle zu.

Fazit

Deutschlands Wirtschaft steht mithin unter den Bedingungen beider Szenarien vor tiefgreifenden Umbrüchen. Schrumpft die Bevölkerung und altert sie stark, dann werden die Wirkungen dieser Entwicklung noch für die Dauer von ein bis zwei Generationen, etwa bis zum Jahre 2030, handhabbar sein. Allerdings entstünden im Laufe der Zeit viele Schwierigkeiten, die sich tendenziell immer weiter verschärfen würden. Sollte der derzeitige Bevölkerungstrend nicht umgekehrt oder zumindest angehalten werden, würden in etwa drei bis vier Generationen kritische Untergrenzen demo-ökonomischer Stabilität unterschritten.

Diese Entwicklung ließe sich durch eine sorgfältig gesteuerte Zuwanderung verhindern. Allerdings dürften sich auch bei einer solchen Zuwanderung die tradierten wirtschaftlichen und sozialen Strukturen dauerhaft nicht aufrechterhalten lassen. Vielmehr müßten sie den Möglichkeiten und Bedürfnissen einer weiterhin alternden Bevölkerung mit wachsenden Zuwandereranteilen angepaßt werden. Dabei würden die Vorstellungen und Neigungen dieser Zuwanderer zunehmendes Gewicht erlangen.

Die Entwicklung von Bevölkerung und Wirtschaft wird in der Zukunft entscheidend auch davon abhängen, ob es gelingen wird, in Entwicklung und Gestaltung zwischen den beiden Szenarien eine Mitte zu finden und in langfristigen Konzeptionen anzusteuern. Dabei geht es darum, eine Balance zu finden zwischen Kurskorrekturen im Innern und geregelter Zuwanderung von außen. Die Zukunft ist in den eingeschliffenen Strukturtrends der Bevölkerungsentwicklung absehbar geworden. Die Weichen müssen gestellt werden, bevor die Entwicklung sie überrollt. Die Zukunft hat längst begonnen, die konzeptionelle Antwort auf ihre Herausforderungen fehlt.

1 Vgl. B. Felderer/M. Sauga, Bevölkerung und Wirtschaftsentwicklung, Frankfurt a. M. 1988, S. 197 ff.
2 Dies wird zur Zeit auch in der Bundesregierung diskutiert. In seinem Bericht zur ‚Zukunftssicherung des Wirtschaftsstandortes Deutschland' schlägt Bundeswirtschaftsminister Rexrodt z. B. die Verkürzung der Schulzeit bis zum Abitur auf 12 Jahre vor.

3 So betrug 1991 in Westdeutschland die Erwerbsquote gemessen an den 15- bis 65jährigen Frauen 58 Prozent, während sie in den skandinavischen Ländern bei über 70 Prozent und in den angelsächsischen Ländern bei reichlich zwei Dritteln lag.

4 Vgl. auch M. Thon, Perspektiven des Erwerbspersonenpotentials in Gesamtdeutschland bis zum Jahre 2030, in: Mitteilungen aus der Arbeitsmarkt- und Berufsforschung, 24. 1991, H. 4, S. 686–712, hier S. 710.

5 Vgl. K. U. Mayer, Bildung und Arbeit in einer alternden Bevölkerung, in: P. B. Baltes, J. Mittelstraß (Hg.), Zukunft des Alterns und gesellschaftliche Entwicklung, Berlin 1992, S. 530 f.

6 Vgl. M. Votteler, Aufwendungen der Familien für ihre minderjährigen Kinder – Eine theoretische und empirische Studie auf der Grundlage einer Zusatzerhebung zur Einkommens- und Verbrauchsstichprobe 1983 in Baden-Württemberg, in: Stat. Landesamt Baden-Württemberg (Hg.), Materialien und Berichte der Familienwiss. Forschungsstelle, H. 18, Stuttgart 1987, S. 88 f.

7 Zur Grundsicherung im Alter vgl. M. Miegel, S. Wahl, Gesetzliche Grundsicherung, private Vorsorge – Der Weg aus der Rentenkrise, Stuttgart 1985.

8 Vgl. dies., Das Ende des Individualismus – Die Kultur des Westens zerstört sich selbst, München 1993, S. 47 ff.

9 Vgl. B. Felderer, Die langfristigen Entwicklungen einer gesetzlichen Pflegeversicherung – Ökonomische und demographische Perspektiven für die Bundesrepublik Deutschland, Gutachten für die Bayerische Rück, München 1992.

10 Vgl. Miegel/Wahl, Individualismus, S. 99 f.

5. Politik für eine offene Republik: Die ideologischen, politischen und sozialen Herausforderungen einer multikulturellen Einwanderungsgesellschaft

Von Dieter Oberndörfer

In der Bundesrepublik leben fast 7 Millionen Ausländer. Von ihnen sind 3,5 Millionen seit über 10 Jahren hier ansässig, 1,5 Millionen wurden hier geboren. Wegen der Überalterung der deutschen Bevölkerung ist eine weitere Zuwanderung von Ausländern in noch weit größerem Umfange vorprogrammiert. Aber selbst bei einer effektiven Zuwanderungssperre würde der Anteil der Ausländer an der Gesamtbevölkerung wegen des Familiennachzugs und der höheren, sich erst schrittweise anpassenden Geburtenzahlen jedenfalls mittelfristig noch zunehmen. Dennoch soll die Bundesrepublik nach der bisherigen amtlichen Version kein ‚Einwanderungsland' werden, sondern ein bloßes ‚Zuwanderungsland' bleiben. Auf diese Weise werden die Ausländer in Deutschland im Unterschied zu klassischen Einwanderungsländern nicht als potentielle Staatsbürger und als mögliche Bereicherung der nationalen Gemeinschaft wahrgenommen. Staatsbürger sollen möglichst nur ‚Deutsche' sein. Ausländern hingegen soll auch weiterhin nur der Status eines Gastes mit einem Aufenthaltsrecht unterschiedlicher Qualität und Dauer eingeräumt werden.

Der emotional hoch aufgeladene politische Widerstand gegen die Umwandlung Deutschlands von einem bloßen

Zuwanderungsland in ein Einwanderungsland hat seine ideologische Grundlage im überkommenen völkischen Staats- und Kulturverständnis.

5.1. Das völkische Staats- und Kulturverständnis

Im völkischen Staatsverständnis, das der Ideenwelt des deutschen Idealismus und der deutschen Romantik entstammt, können nur die Angehörigen des Staatsvolkes und ihre Nachkommen vollberechtigte Staatsbürger sein. Das Staatsvolk ist eine Abstammungsgemeinschaft. Ein anderes Volk fremder Abstammung hat in der Nation keinen Platz. Vielvölkerstaat und Nation sind unvereinbare Gegensätze. Eine Volksnation kann sich deshalb nicht für die Einwanderung von ‚Fremdstämmigen‘ öffnen. Deren Einbürgerung, ihre politische Gleichberechtigung als Bürger, ist mit der Idee der Volksnation unvereinbar. Die Nachkommen von ‚Deutschen‘ hingegen, die wie die ‚Siebenbürger Sachsen‘ schon im 12. Jahrhundert ausgewandert sind und jetzt in Deutschland einwandern, können die vollen Staatsbürgerrechte erhalten.

Der völkische Staatsgedanke ist immer auch mit der Vorstellung einer völkischen Nationalkultur verbunden. Sie scheint in ihrer Ideologie inhaltlich definierbar und gegen fremde Kulturen abgrenzbar. Gerade die Erhaltung und Durchsetzung der Inhalte und Werte dieser Nationalkultur werden zum obersten Wert der Politik der völkischen Staatsideologie. Universale Werte und politische Ordnungsprinzipien – wie z. B. Menschenrechte, Rechtsstaatlichkeit und Gewaltenteilung – verlieren gegen sie an Bedeutung und werden notfalls dem Überlebensrecht der Volksnation und den Werten der Volkskultur geopfert.

Im völkischen Kulturverständnis sind immer nur tatsächlich oder vermeintlich endogene, überkommene Kulturtraditionen des eigenen Volkes legitim. Das ‚Fremde‘ ist per Definition illegitim, muß abgewehrt oder ausgeschieden werden. Deshalb wird z. B. die Volkssprache von ‚Fremdwörtern‘ gereinigt. Religiöser Glaube, Kunst und sogar Alltagskultur, Geschmack und Kleidung, werden national normiert. So wurden im Nationalsozialismus, der extremsten Form des völkischen Nationalismus, die Malerei, die Musik, die Literatur und die bildende Kunst von ‚nichtdeutschen‘ Elementen ‚gesäubert‘. Die universale Tradition des Christentums wurde zurückgewiesen und statt dessen die Variante des deutschen Christentums gerade noch geduldet.

Weil die völkische Ideologie davon ausgeht, daß jedes Volk eine ihm je eigene spezifische Kulturtradition besitzt, wird Einwanderung von Menschen ‚fremder Volkszugehörigkeit‘ als fundamentale Bedrohung dieser völkischen Nationalkultur empfunden. Im völkischen Staatsverständnis haben somit weder Multiethnizität noch Multikulturalismus Raum. Einwanderung, die Verleihung der Staatsbürgerschaft an Menschen aus fremden Kulturen wird als Gefährdung, als ‚Überfremdung‘ der Nationalkultur abgelehnt.

Das völkische Staatsverständnis war die vorherrschende Ideologie der Deutschen in Kaiserreich und Weimarer Republik. Im Nationalsozialismus ist deutsche Abstammung sogar zur rechtlichen Voraussetzung der Staatsbürgerschaft geworden. Im Grundgesetz wurde die alte Bundesrepublik durch die Bestimmungen von Art. 116 (Recht der Vertriebenen und ‚Volksdeutschen‘ auf deutsche Staatsbürgerschaft) und durch das Postulat der Wiedervereinigung der ‚Deutschen‘ wieder zu einer ethnischen Abstammungsgemeinschaft. Der Wiederaufbau Ostdeutschlands wird nicht als europäische, sondern als na-

tionale Aufgabe betrachtet und aus der nationalen Verantwortung der Deutschen legitimiert. Die hohen Trans-
ferleistungen werden nicht als Beitrag zur Festigung des
freiheitlichen Rechtsstaates in Deutschland, sondern als
Wiedergutmachung für vierzig Jahre Unrecht an den
Deutschen der früheren DDR gefordert und gegeben. Im
Zusammenspiel von wirtschaftlicher Not und dem ideo-
logisch-politischen Vakuum, das durch den Zusammenbruch des Kommunismus entstanden ist, bildet sich in
Ostdeutschland eine Eigendynamik der Rückkehr zum
Nationalen. Das kann im Kampf um knappe politische
Mehrheiten für Deutschland weitreichende Konsequen-
zen haben. In der epochalen wirtschaftlich-industriellen
Strukturkrise Westdeutschlands erstarkt der völkische
deutsche Nationalismus ohnehin auch hier wieder und
richtet sich nun zunehmend sogar gegen die europäische
Einigung.

In der Auseinandersetzung mit dem völkischen Staats-
und Kulturverständnis wurde zu Recht darauf hingewiesen, daß das deutsche Volk nicht, wie die völkische Ideologie behauptet, eine Art germanische Abstammungsgemeinschaft, sondern das Ergebnis vielfältiger Zuwanderungen und Eingliederungen ist. Deshalb bleibt die Argumentation schwer nachvollziehbar, daß es nicht auch in
Zukunft in Deutschland Einwanderung geben soll. Kri-
tisch wurden auch die Geschichtsklitterungen des
19. Jahrhunderts hinterfragt, die die Berufungsgrundlage
der völkischen Ideologie sind, so etwa, daß das kleindeut-
sche Reich Ergebnis einer ‚nationalen' Kontinuität sei: Sie
reicht angeblich von Arminius, dem Cherusker (einem in
Rom erzogenen Germanenfürsten), über das Heilige Römische Reich deutscher Nation (einem Vielvölkerstaat),
den Reformator Luther und König Friedrich II. von
Preußen (das nach der dritten polnischen Teilung mehr

polnische als deutsche Untertanen hatte) bis hin zum Bismarckreich. In Wirklichkeit kann die ‚deutsche‘ Geschichte nicht, wie in den völkischen Geschichtsbildern, isoliert für sich, sondern nur als Teil der europäischen Geschichte sinnvoll und zutreffend behandelt werden. Gleiches gilt für das schreberhafte provinzielle Kulturverständnis der völkischen Ideologie. Die ‚deutsche‘ Kultur hat sich nicht, wie die völkische Ideologie behauptet, aus sich selbst heraus entfaltet, sondern ist das Ergebnis einer langen Geschichte der Überlagerung und Befruchtung durch andere Kulturen, z.B. durch das Christentum, durch die Antike in der Renaissance und im deutschen Idealismus oder durch die Aneignung Shakespeares, Molières und Dantes in der bürgerlichen Kultur des 19. Jahrhunderts. Kulturen sind nicht konstant statisch, sondern dynamisch, sie verändern ihre Inhalte. Kultur ist auch kein nationaler Besitz. So entstand die ‚deutsche‘ Musik Bachs oder Mozarts (ist er nun ‚Deutscher‘ oder ‚Österreicher‘?) aus der Tradition der europäischen Musik und ist inzwischen längst Eigentum der Menschheit geworden. Die deutsche Alltagskultur wiederum wurde nach dem Zweiten Weltkrieg nachhaltig durch amerikanische Einflüsse geprägt.

5.2. Der republikanische Verfassungsstaat

Von zentraler Bedeutung für die Überwindung völkischen Denkens ist die Besinnung auf die normativen Grundlagen des modernen republikanischen Verfassungsstaates. Die liberale Demokratie, die Republik, hat ein weltbürgerliches Wertefundament. Sie leitet die Rechte, die sie ihren Bürgern gewährt, aus allgemein gültigen, d.h. für die Menschen aller Völker gültigen ‚Menschenrechten' ab. Für die Verleihung des Bürgerrechts darf die ethnische Herkunft keine Rolle spielen. Alle liberalen Verfassungsstaaten sind daher immer auch ‚offene Republiken'. Offenheit für Einwanderung und Gewährung von Asyl für politische Flüchtlinge sind konstitutive Wesensmerkmale des republikanischen Verfassungsstaates.

Das bedeutet natürlich nicht, daß sich Republiken für eine unbegrenzte und unkontrollierte Einwanderung oder Asylgewährung öffnen müssen. Auch Republiken haben ein Recht auf Selbsterhaltung. Sie dürfen ihren ‚Feinden' die Einbürgerung verweigern und eine Einwanderung beschränken, die die Überlebensfähigkeit ihrer politischen, rechtlichen und sozialen Ordnung gefährden würde. Die prinzipielle Absage an Einwanderung jedoch, die stereotype Formel ‚Die Bundesrepublik ist kein Einwanderungsland', ist eine Absage an die menschheitliche Wertesubstanz des liberalen Verfassungsstaates.

So werden in Art. 1 des Grundgesetzes „die Würde des Menschen" als Fundament aller Grundrechte und diese wiederum als „Grundlage jeder menschlichen Gemeinschaft" genannt. Konsequent werden deshalb in Art. 2, 3 und 4 die Grundrechte der Freiheit der Person, der Gleichheit vor dem Gesetz, der Glaubens- und Meinungsfreiheit *jedem* und *allen* Menschen gewährt. Nach Art. 3 Abs. 3 darf „*niemand* wegen seines Geschlechtes, seiner Abstammung, seiner Rasse, seiner Sprache, seiner Heimat und Herkunft, seines Glaubens, seiner religiösen oder politischen Anschauungen benachteiligt oder bevorzugt werden."

Diese Verfassungsartikel werden zur hohlen Phrase, wenn Ausländern, die in der Bundesrepublik wohnen und aufgewachsen sind, die hier ihre Steuern zahlen und sich in unsere politische und rechtliche Ordnung einfügen wollen, das Recht auf Einbürgerung verwehrt wird. Gleiches gilt für die Absage an weitere Einwanderung angesichts des Bevölkerungsrückgangs in der Bundesrepublik, einem der reichsten Länder der Welt, und angesichts des zunehmenden Zuwanderungsdrucks von Flüchtlingen vor wirtschaftlichem Elend und politischer Verfolgung. Die normativen Bestimmungen des Grundgesetzes lassen die Verschanzung der ‚Deutschen' in einem Altersheim völkisch-ethnischer Homogenität nicht zu – eine Zukunftsvision, die auch aus wirtschaftlichen und politischen Gründen unrealistisch ist.

5.3. Die Haßkampagne gegen Multikulturalismus

Die haßvolle Kampagne gegen den als Ergebnis von Einwanderung befürchteten Multikulturalismus ist fatal; denn sie zeigt beängstigende Defizite der Deutschen bei der Aneignung des wichtigsten Prinzips des Verfassungsstaates, nämlich der Freiheit der Kultur. Kulturelle Homogenität im Sinne fugenloser, konfliktfreier Übereinstimmung kultureller Werte hat es nie und nirgendwo gegeben. Kulturelle Dynamik ergab sich stets aus der Neuinterpretation der Überlieferung oder aus kulturellem Austausch. Es bildeten sich stets auch kultureller Pluralismus und Konflikte. In diesem Sinne waren die Gesellschaften aller Zeiten immer auch ‚multikulturell'.

Im modernen Verfassungsstaat aber wird kulturelle Vielfalt und Dynamik ausdrücklich verfassungsrechtlich geschützt. Der republikanische Verfassungsstaat ist also nicht nur de facto, sondern auch de lege multikulturell. In diesem Sinne sagen Art. 4 Abs. 1 und 2 des Grundgesetzes „Die Freiheit des Glaubens, des Gewissens und die Freiheit des religiösen und weltanschaulichen Bekenntnisses sind unverletzlich [...]. Die ungestörte Religionsausübung wird gewährleistet." In Art. 5 GG wird die Freiheit der Kunst, der Wissenschaft, der Forschung und Lehre in die kulturelle Freiheit einbezogen: „Kunst und Wissenschaft, Forschung und Lehre sind frei." Kulturelle Freiheit bedeutet ferner, daß religiöse Überzeugungen und kulturelle Werte von Minderheiten nicht nur geduldet werden, sondern von ihnen auch aktiv vertreten werden können. So heißt es in Art. 5 Abs. 1: „Jeder hat das Recht, seine Meinung in Wort, Schrift und Bild zu äußern und zu verbreiten [...]. Eine Zensur findet nicht statt."

In der Republik gibt es also keine nationale Religion, keine nationale Kunst, keinen nationalen Geschmack. Religion und Weltanschauung sind frei. Jeder Versuch, einem Deutschen, Franzosen oder Amerikaner eine bestimmte Religion und Konfession als nationale Pflicht oder Eigenschaft vorzuschreiben, wäre ein Anschlag auf den Geist und die Bestimmungen ihrer Verfassungen. Ob Deutsche, Franzosen, Engländer oder Amerikaner Angehörige einer bestimmten christlichen Konfession sein wollen, ob sie sich zum Buddhismus oder zum Islam bekennen, oder ob sie sich ohne religiöse Bindung den säkularisierten Teilen der Gesellschaft zurechnen wollen, ist allein ihre persönliche Entscheidung. Gleiches gilt für die Aneignung kultureller Werte. Auch wenn dies den professionellen autoritären Volkserziehern nicht gefällt: Es bleibt den Bürgern überlassen, ob sie Goethe, den Koran oder die Bildzeitung lesen, ob sie Bach oder amerikanischen Jazz hören, ob sie in ihrer Freizeit in die Türkei fahren oder zu Hause Sport treiben wollen.

In der hysterischen Polemik gegen Multikulturalismus äußert sich die Sehnsucht nach einer kulturellen nationalen Homogenität, die gerade in Deutschland wegen seiner konfessionellen Gespaltenheit nie existierte und die es erst recht nicht in der heutigen deutschen Gesellschaft geben kann, in der neben den Gläubigen der christlichen Konfessionen eine Mehrheit säkularisierter Bürger lebt, während sich eine beträchtliche Zahl außereuropäischen Religionen zugewandt hat. Wenn sich Deutsche zu solchen Religionen bekennen können, muß dies auch Ausländern eingeräumt werden, die mit solchen Religionen Deutsche werden wollen. Die Kampagne gegen Multikulturalismus führt letztlich zurück in die Zeit der Religionskriege. Sie ist unvereinbar mit dem Grundgesetz der Bundesrepublik Deutschland und der Verfassung jeder Republik.

Dabei bedeutet kulturelle Freiheit keineswegs Relativismus der Werte: Kulturelle Freiheit findet ihre Grenzen in den Grundwerten der Verfassung und ihrer Rechtsordnung. Kriterien für die Zugehörigkeit zur Republik aber können nur Bejahung der Verfassung und Gesetzestreue sein. Das Bürgerrecht in der Republik darf wegen religiöser Einstellungen oder kultureller Herkunft nicht verweigert werden. Auch hier sei nochmals an Art. 3 Abs. 3 GG erinnert: „Niemand darf wegen seines Geschlechtes, seiner Abstammung, seiner Rasse, seiner Sprache, seiner Heimat und Herkunft, seines Glaubens, seiner religiösen oder politischen Anschauungen benachteiligt oder bevorzugt werden."

Die politische Vitalität der Republik speist sich gerade aus der kulturellen Freiheit. Sie ist die unabdingbare Voraussetzung für die politische Integration der komplexen kulturellen Vielfalt moderner Gesellschaften.

5.4. Politische und soziale Integration

Aus dem verfassungsrechtlichen Schutz der Freiheit der Kultur folgt, daß die wünschenswerte Integration der

Einwanderer in die deutsche Gesellschaft sich nur auf ihre politische und soziale Integration beziehen kann. Kulturelle Aspekte der Integration kommen allein bei der notwendigen Einordnung in die Verfassung und ihre Rechtsordnung sowie beim Erlernen des Deutschen als Amtssprache ins Spiel. Die unersetzliche Funktion der Sprache für die Kommunikation in einem Staatswesen macht das Erlernen der Staats- und Verwaltungssprache unerläßlich. Wenn Einwanderer untereinander ihre eigene Sprache sprechen wollen, muß ihnen dies ebenso unbenommen bleiben wie die Verständigung von Deutschen mit Ausländern in Fremdsprachen.

Einwanderer werden nur dann gute Bürger sein, wenn sie den ,deutschstämmigen' Bürgern gleichgestellt werden. Voraussetzung dafür ist die politische und soziale Integration durch Einbürgerung und gezielte Sozialpolitik.

Einbürgerung muß unter bestimmten Voraussetzungen, zu denen eine Eingewöhnungszeit sowie die Einfügung in die Rechtsordnung gehören, ein einklagbares Anrecht auch für jene Ausländer werden, die nach dem neuen Ausländergesetz darauf noch keinen Rechtsanspruch haben. Wegweisend könnte dabei immer noch der 1913 bei der Verabschiedung des Reichs- und Staatsbürgergesetzes im Reichstag von den Sozialdemokraten und den Liberalen vorgelegte, von der Reichsregierung jedoch abgelehnte Vorschlag zur Einbürgerung von Ausländern sein. Er sah für Ausländer bereits nach zweijährigem Aufenthalt im Reichsgebiet ein einklagbares Anrecht auf Einbürgerung vor.

Für die Kinder von Ausländern, die in Deutschland geboren sind, muß das in vielen Staaten der Welt, so z.B. in den USA und in Frankreich praktizierte ,ius soli' gelten, also die Einbürgerung aufgrund der Geburt im

Staatsterritorium. Auch unter moralischen Gesichtspunkten ist es skandalös, daß Kinder von Ausländern, die in Deutschland aufgewachsen sind, die das deutsche Bildungswesen erfolgreich absolviert haben und die die Sprache ihrer Eltern nicht mehr zureichend sprechen können, die deutsche Staatsbürgerschaft in vielen Fällen noch immer nur über einen Ermessensakt unwilliger Ausländerbehörden erwerben können.

Da sich für einige Ausländergruppen durch die Aufgabe ihrer bisherigen Staatsangehörigkeit erhebliche Nachteile ergeben, sollten die de facto schon jetzt praktizierten Möglichkeiten der Doppelstaatsbürgerschaft weiter liberalisiert und auch vom Gesetzgeber rechtlich festgeschrieben werden. Viele Deutsche haben bereits einen zweiten Paß oder sogar mehrere Pässe, ohne daß sich die Behörden darum kümmern, obwohl dies dem geltenden Staatsbürgerrecht widerspricht. Doppelstaatsbürgerschaft ist in vielen Staaten der Welt zugelassen. Vorbildlich ist das britische Staatsangehörigkeitsrecht von 1981, das ausdrücklich die Einbürgerung unter Beibehaltung der bisherigen Staatsangehörigkeit zuläßt.

Politische Integration muß eng mit der sozialen Integration verbunden sein. Damit ergeben sich für die Sozial- und Bildungspolitik neue große Aufgaben. Richtungweisende Orientierungshilfen bietet dazu die soziale Integrationspolitik in anderen Einwanderungsländern, z.B. in Schweden, Holland, Kanada oder Israel. Selbsthilfeorganisationen der Einwanderer sollten aus öffentlichen Mitteln unterstützt werden. Ebenso wie für deutsche Kinder aus sozial benachteiligten Bevölkerungsgruppen ist im wohlverstandenen Eigeninteresse der Deutschen auch eine verstärkte Hilfe für die Kinder von Ausländern in der schulischen und beruflichen Ausbildung notwendig. Eine Vernachlässigung dieser Aufgaben rächt sich nicht nur für die Betroffenen, sondern für die Gesellschaft insgesamt. Besonders wichtig ist Sprachunterricht für ausländische Nichterwerbstätige, die keine Möglichkeit zum Spracherwerb über die berufliche Tätigkeit haben. Bewährt hat sich auch in vielen Ländern muttersprachlicher Schulunterricht als Übergangshilfe zum Erlernen der Staatssprache. So gibt es auch in der Bundesrepublik Gymnasien für bestimmte Ethnien (z.B. Letten), in denen neben dem Deutschen auch in der Heimatsprache der Schüler unterrichtet wird. Im öffentlich geförderten Vereinswesen der Bundesrepublik, etwa in Sportvereinen, muß die Diskriminierung von Ausländern vom Gesetzgeber verhindert werden. Ein Diskriminierungsverbot für alle Bereiche des öffentlichen Lebens ist geboten. Die amerikanische Gesetzgebung hat hierzu die Wege vorgezeichnet. Da soziale Diskriminierung nur sehr begrenzt durch den Gesetzgeber verhindert werden kann, liegt der wichtigste Aspekt des rechtlichen Verbots von Diskriminierung in seinem symbolischen Gehalt. Im Hinblick auf das weit verzweigte, aus öffentlichen Mitteln geförderte Vereinsnetz und die hohe Qualität des schulischen und innerbetrieblichen Bildungssystems der Bundesrepublik ist die politische und soziale Integration von Ausländern in Deutschland möglicherweise sogar leichter zu erreichen als in den USA, einem der klassischen Einwanderungsländer.

Die große Zukunftsaufgabe der politischen und sozialen Integration der Einwanderer macht Änderungen der für sie bisher zuständigen administrativen Einrichtungen zu einer zwingenden Notwendigkeit. Vor allem über ein Einwanderungsministerium könnte der Stellenwert der Einwanderung im politischen Entscheidungsprozeß der Bundesrepublik und in der Öffentlichkeit verbessert werden. Die bisherige politische und rechtliche Stellung der

Ausländerbeauftragten und ihre Ausstattung sind völlig unzureichend für die zu bewältigenden Aufgaben. Die politische und soziale Integration der Ausländer könnte nach dem Muster der schon bisher für ‚deutsche' Einwanderer, also für Aussiedler, getroffenen Maßnahmen erfolgen. Daß dies kostspielig werden wird, darf kein Argument sein. Die Integration von ausländischen Einwanderern ist ebenso wichtig wie die Integration von Aussiedlern, also von deutschstämmigen Ausländern, die bei ihrer Einreise oft ebenfalls wenig oder gar kein deutsch sprechen.

Die Erfahrungen in Einwanderungsländern zeigen, daß Konflikte zwischen einheimischer Bevölkerung und Einwanderern typisch für wirtschaftliche Rezessionen und die Verknappung der Arbeitsplätze sind. So kam es im 19. Jahrhundert besonders in den großen wirtschaftlichen Krisen Amerikas immer wieder zu schweren sozialen Konflikten zwischen Einheimischen und Einwanderern. In der alten Bundesrepublik gab es den ersten Ausbruch von Ausländerfeindlichkeit in den von der Strukturkrise der Montanindustrie betroffenen Regionen. Die Begegnung mit Ausländern wurde hier zum ersten Mal als Konkurrenz um Arbeitsplätze erlebt. Strukturschwache ländliche Gebiete mit bäuerlichen Kleinbetrieben, deren Existenz bedroht war, wiesen in Umfragen das stärkste Potential an Ausländerfeindlichkeit auf, obwohl dort die Zahl der Ausländer minimal war und die meisten Befragten selbst gar keine Ausländer kannten. Umgekehrt war die Ausländerfeindlichkeit in großstädtischen Ballungsräumen mit starker wirtschaftlicher Dynamik trotz hoher Ausländeranteile an der Wohnbevölkerung stets weit geringer. In der Schweiz mit einem Ausländeranteil (17,5 Prozent), der mehr als doppelt so hoch liegt wie in Deutschland (7,5 Prozent), hat es in der bislang dynamischen und stabilen Wirtschaftsentwicklung und bei Voll-beschäftigung kaum Übergriffe auf Ausländer gegeben. Deshalb wird die Entscheidung über die Integration von Einwanderern gerade auch in der Wirtschafts- und Sozial-politik fallen. Defizite bei der Schaffung von Arbeitsplät-zen oder von Wohnraum schlagen auf die Einstellung zu Ausländern durch.

5.5. Legitimation der Politik durch Verwirklichung der Verfassungsnormen

Es wäre eine Illusion zu glauben, mit der Überwindung der Rezession und der Bewältigung der wirtschaftlichen Probleme des Einigungsprozesses sei die Umwandlung Deutschlands von einem bloßen Zuwanderungsland in ein echtes Einwanderungsland vorgezeichnet, in dem Millio-nen von Ausländern nicht nur ein unaufkündbares Bleibe-recht haben, sondern gleichberechtigte Staatsbürger wer-den könnten. Im Wege steht immer noch das überlieferte völkische Staatsverständnis der Deutschen, das sich durch die Wiedervereinigung neu belebt hat. Das Grundgesetz der Bundesrepublik indes schützt verfassungsrechtlich die Gleichheit der Menschen ohne Ansehung ihrer Herkunft, ihrer Rasse und Religion sowie die Freiheit der Kultur, des religiösen Glaubens und der kulturellen Werte.

Republikanische Verfassungen schöpfen ihre Legitimi-tät aus der Verwirklichung ihrer Verfassungsnormen. Ge-rade die Offenheit für Einwanderung von Menschen frem-der Völker und Kulturen ist für ihre Glaubwürdigkeit von fundamentaler Bedeutung. Verweigerung dieser Offenheit ist daher eine Absage an die Legitimitätsgrundlage des republikanischen Verfassungsstaates und an sein mensch-heitlich-weltbürgerliches Wertefundament.

Die Geschichte mag mit Hegel langfristig die Entfaltung und Durchsetzung des Weltgeistes der Vernunft bringen. Kurz- und mittelfristig jedenfalls kann die Vernunft, so zwangsläufig ihre Durchsetzung den Zeitgenossen erscheinen mag, scheitern. Die Not in Ostdeutschland, der soziale Umbruch in West- und Ostdeutschland und die Strukturkrise der Wirtschaft wecken eine nostalgische Sehnsucht nach einer neuen homogenen nationalen Gemeinschaft. Die alte Bundesrepublik konnte sich nur als Verfassungsstaat und aus dem Verfassungspatriotismus legitimieren. Nach der deutschen Einigung ist es leichter möglich, wieder an die Traditionen des Nationalstaates von 1871 anzuknüpfen.

Die Überwindung des völkischen Nationalstaates durch den Aufbau einer multiethnischen Einwanderungsgesellschaft wird um so schwieriger werden, je länger sie verschoben wird. Für den Erfolg der notwendigen politisch-sozialen Integration der Zuwanderer gilt im übrigen: Geben mit Anstand. Eine nur durch äußeren Druck und ökonomische Faktoren, z.B. schrumpfenden Binnenmarkt und Mangel an Fachkräften, erzwungene, letztlich aber doch unvermeidbare Einwanderung, würde die innere Bindung der Neubürger an die Republik schwächen und ihre politische Integration sehr erschweren. Gefordert sind rasches Handeln und politische Führung.

6. Ethnische Vielfalt und Akkulturation im Eingliederungsprozeß

Von Friedrich Heckmann

In diesem Beitrag geht es um eine Analyse der gesellschaftlichen und kulturellen Implikationen der in der
Bundesrepublik neu entstandenen ethnischen Vielfalt.
Zugleich wird auf der Grundlage einer Soziologie inter-
ethnischer Beziehungen versucht, politische Handlungs-
möglichkeiten für die neue Situation zu zeigen.[1]

6.1. Ethnizität und ethnische Gruppenbildung

Ethnizität als Merkmal von Gruppen meint gemeinsame
Vorstellungen über die Herkunft, soziokulturelle Gemeinsamkeiten und gemeinsame geschichtliche und aktu-
elle Erfahrungen. Hinzu kommt eine auf Selbst-Bewußt-
sein und Fremdzuweisung beruhende kollektive Identität, die eine Vorstellung von Grenzen zwischen Gruppen
und ein bestimmtes Solidarbewußtsein einschließt. Ethnizität bietet über ethnische Mobilisierung eine mögliche
Grundlage für den Aufbau von Gruppenstrukturen. Ethnische Kolonien sind eine geläufige, auch aus der Geschichte ‚klassischer' Einwanderungsprozesse bekannte
Form ethnischer Organisierung in der Einwanderungssituation.

Ethnische Organisationsstrukturen oder ethnische
Gruppen sind, um einem verbreiteten Irrtum entgegen-

zutreten, keineswegs notwendigerweise homogen. Sie können zwar relativ homogen sein, aber intra-ethnische Konflikte sind durch das Vorliegen gemeinsamer Ethnizität ebensowenig ausgeschlossen wie inter-ethnische Allianzen. Homogen ist meist nur das Bild, das sich ‚die anderen‘ von der ethnischen Gruppe machen.

Ethnizität ist zwar ein allgemeines, universelles soziales Phänomen; aber seine Bedeutung für soziale Organisation ist sehr variabel. Ethnizität kann eine der zentralen Dimensionen von Sozialstrukturen sein, wie etwa im ethnischen Nationalstaat. Sie kann aber auch, wie etwa im Feudalismus oder bei multinationalen Unternehmen der Gegenwart, ein eher nebensächliches Merkmal sein. Ihre heutige Bedeutung gewann Ethnizität in Europa im Prozeß der modernen Staaten- und Nationenbildung. Ethnische Gruppen sind nicht ‚an sich‘ relevant. Sie gewinnen mit der Entstehung der Nationen ihre spezifische Bedeutung; anders gewendet: Ethnische Gruppen wurden zu Minderheiten, als sich ‚Mehrheiten‘ zu Nationen formierten.

Die Wirkung von Ethnizität bei Einwanderungsprozessen zeigt sich u.a. in der Bildung ethnischer Kolonien durch die Einwanderer. Ethnische Kolonien sind die spezifisch ethnischen Organisationsformen der Migranten. Sie haben ein doppeltes Gesicht: Sie sind zum einen institutionelle Antwort auf die Bedürfnisse der Migranten in der Einwanderungs- und Minderheitensituation. Sie sind zum anderen aber auch eine ‚Verpflanzung‘ und Fortsetzung sozialer Beziehungen aus der Herkunftsgesellschaft. Migration ist mit großen Verunsicherungen verbunden. Zugleich müssen für neuartige materielle und soziale Problemlagen neue Lösungen gefunden werden. Bei der ‚Verpflanzung‘ und Fortsetzung sozialer Beziehungen kommt der Verwandtschaft eine zentrale Bedeutung zu;

weitere Strukturelemente der Kolonie sind das Vereinswesen, religiöse Gemeinden, politische Organisationen,
informelle soziale Verkehrskreise und Treffpunkte, spezifisch ethnische Medien und eine ethnische Ökonomie,
also wirtschaftliche Aktivitäten und Einrichtungen, die
auf spezifische Bedürfnisse der Migranten zugeschnitten
sind. ‚Funktionen' der ethnischen Kolonie für die Einwanderer sind Stabilisierung der Persönlichkeit von Migranten (der ersten Generation), Hilfe für Neueinwande-
rer, Selbsthilfe durch Mobilisierung von Ressourcen in
der ethnischen Gruppe, Repräsentation und Interessen-
vertretung der Minderheit gegenüber der Mehrheit. Von
möglichen problematischen Wirkungen von ethnischen
Kolonien im Eingliederungsprozeß wird noch zu reden
sein.

Entscheidend für die gesellschaftliche Stellung der Einwanderer wie für die Sozialstruktur der Einwanderungsgesellschaft ist die Frage, ob die ethnische Kolonie eine
Übergangsinstitution ist oder ein Schritt zur Herausbildung und Befestigung ethnischer Minderheitenlagen und
damit über Generationen zu einer ethnischen Heteroge-
nisierung der Aufnahmegesellschaft. Vieles spricht dafür,
die ethnische Kolonie als relativ stabile ‚Zwischenwelt'
oder Übergangsform im Eingliederungsprozeß zu betrachten. Selbst bei relativer institutioneller Vollständigkeit ist die ethnische Kolonie keine selbstgenügsame oder
gar autonome ‚Gesellschaft'. Neben den Beziehungen zur
Mehrheitsgesellschaft gibt es traditionelle Beziehungen
(z.B. verwandtschaftliche Bindungen, finanzielle Trans-
aktionen) oder neue Beziehungen zur Herkunftsgesellschaft (z.B. Eheschließungen mit Partnern aus dem Herkunftsland). Auch der Staat des Herkunftslandes, dessen
Staatsbürgerschaft die Migranten häufig behalten, versucht über konsularische Aktivitäten Einfluß auf die eth-

nische Kolonie zu nehmen, nicht selten auch ‚seine‘ Staatsbürger im Ausland zu kontrollieren. Mit Blick auf diese mehrfachen Bindungen der Migranten ist die Kolonie also in der Tat eine Art stabile ‚Zwischenwelt‘.

Der Umstand, daß diese Zwischenwelt ein Produkt von Versuchen der Migranten ist, mit der Einwanderung verbundene Probleme in der neuen Umgebung zu lösen, macht die ethnische Kolonie aber auch zugleich zu einer Übergangsinstitution. Aus der immer noch richtigen Perspektive der ‚Chicago-Schule‘ der Soziologie: „Die Einwandererkolonie in Amerika ist eine Brücke zwischen der alten und der neuen Welt auf dem Wege zur Assimilation“.[2] Nur wo kontinuierliche Neueinwanderung stattfindet, die die sich assimilierenden Gruppen der Einwanderer ersetzt, erhält sich die Kolonie in ihrer überkommenen Struktur. Schwächen sich die Bedürfnislagen ab, auf welche die ethnischen Institutionen eine ‚funktionale Antwort‘ darstellen, dann verliert die ethnische Kolonie in ihren konstitutiven Faktoren an Bedeutung, Bindewirkung und Organisierungskraft.

Es können jedoch neue Motive und Lagen entstehen, die auch ohne stärkere Neuzuwanderung zu einem Wiedererstarken ethnischer Selbstorganisation führen. Das hängt vor allem von grundlegenden Merkmalen des Verhältnisses zwischen Mehrheit und Minderheiten ab: Bei Geschlossenheit der Mehrheitsgesellschaft ist mit Formen von ethnischer Selbstorganisation in der Minderheit zu rechnen, weil andere Organisationsformen nicht zugänglich sind und Selbstorganisation als Chance erscheint, durch ethnische Mobilisierung unerwünschte Verhältnisse zu ändern.

Die in der Bundesrepublik entstandene ethnische Heterogenität ist ein Produkt der Migrationen der letzten Jahrzehnte. Die verschiedenen Zuwanderergruppen haben ethnische Beziehungsstrukturen unterschiedlicher institutioneller Vollständigkeit aufgebaut. Sie sind häufig durch ethnische Segmentierung gekennzeichnet, d.h. durch relative Abgeschlossenheit von Beziehungen zur Mehrheitsgesellschaft. Das gilt besonders für die größte Einwandererminderheit, die ca. 2 Millionen Menschen umfassende türkische Gruppe in Deutschland. Persönliche Kontakte, soziale Verkehrskreise und Eheschließungen (ein besonders aussagekräftiger Indikator für die soziale Distanz zwischen Gruppen) sind weitgehend auf Angehörige der eigenen ethnischen Gruppe beschränkt. Ethnische Vorurteile der Mehrheit, gegenüber den Türken von besonderer Intensität, befestigen Distanz und Grenzziehungen zwischen den Gruppen.

6.2. Handlungsstrategien gegenüber ethnischer Heterogenität

Deutschland steht vor der Frage: Soll die entstandene ethnische Vielfalt beibehalten, ihrer ,naturwüchsigen' Entwicklung überlassen, gefördert oder abgebaut werden? Was bedeutet ethnische Heterogenität als Quelle oder Bedingung möglicher gesellschaftlicher Konflikte? Was bedeutet sie für die Integration und Kohäsion von großen Bevölkerungen und gesamtgesellschaftlichen Strukturen? Im Grunde steht auch der Inhalt des Nationskonzepts zur Diskussion. Kann und soll es eine deutsche Nation von Menschen unterschiedlicher ethnischer Herkunft geben? In der wissenschaftlichen und öffentlichen Diskussion werden diese Fragen bisher wenig tiefgehend diskutiert. In manchen polemischen Auseinandersetzungen zum Thema ,multikulturelle Gesellschaft' werden einige Aspekte dieser Fragen gestreift, mehr aber nicht.

Im Grunde gibt es drei mögliche politische Handlungs-strategien gegenüber ethnischer Heterogenität: 1. eine Laissez-faire-Strategie, die einen staatlich-politischen Orientierungs- und Handlungsbedarf nicht sieht; 2. eine Politik der Befestigung und Förderung ethnischer Hete-rogenität; 3. Akkulturations- und Assimilierungsstrate-gien zur Einebnung ethnischer Unterschiede.

Bei einer *Laissez-faire-Haltung* würde ein sozialstruk-turell, kulturell und politisch bedeutsamer gesellschaftli-cher Bereich einfach aus dem Steuerungs- und Verant-wortungsbereich von Politik herausdefiniert. Die mo-mentane deutsche Politik kommt diesem Verhalten nahe. Ich führe das auch auf die mangelnde analytische Aufar-beitung der Migrationssituation zurück. Folgen einer ‚spontanen‘, ‚naturwüchsigen‘ Entwicklung ethnischer Heterogenität könnten signifikante Erschwerungen in verschiedenen Bereichen sein: in den gesellschaftlichen Qualifizierungsprozessen und in der ‚Sozialintegration‘ (zwischenmenschliche und gruppenbezogene Verständi-gungsweisen, Wertegemeinsamkeit) ebenso wie in der Akzeptanz gesellschaftlicher und politischer Institutio-nen.

Eine Politik der *Beibehaltung und Förderung ethnischer Heterogenität* würde auf einen ethnischen Pluralismus bzw. ‚ethnischen Korporatismus‘ (M. Walzer) abzielen: Staatliche Stellen und gesellschaftliche Institutionen er-mutigen die ethnischen Gruppen, sich als solche zu orga-nisieren, einen formell-rechtlichen Minderheitenstatus zu erreichen und ihr Gewicht in der Politik geltend zu ma-chen.[3] Eine Politik der Gruppenrechte und der auf Grup-pen bezogenen Maßnahmen (Antidiskriminierungsgeset-ze, Quoten, gruppenbezogene Fördermaßnahmen) liegt in der Ziellinie einer solchen Strategie. Ethnische Gren-zen und kulturelle Differenzen werden dadurch intensi-

viert und institutionalisiert; denn all diese Politiken benö-
tigen die bestehenden ethnischen Gruppen als Defini-
tionspunkte und Zuweisungskriterien für ihre Maßnah-
menkataloge, d.h. sie bestätigen die überkommene ethnische Gruppenstruktur: „Bei Vorliegen von Chancen auf
individueller Ebenen verlieren ethnische Differenzierun-
gen immer mehr an Bedeutung; bei – nach ethnischer
Zugehörigkeit – systematisch verteilten Chancen bleiben
bzw. verstärken sich die Segmentationen."[4]

Eine Variante des ethnischen Pluralismus ist die Position von Habermas, der im Rahmen der politischen Kultur Akkulturation für legitim hält, Akkulturations- und
Assimilierungsstrategien in weiteren Lebensbereichen
aber ablehnt: „Nun muß im demokratischen Rechtsstaat
die Ebene der politischen Kultur, die alle Bürger umfaßt,
von der Integrationsebene der verschiedenen innerstaatlichen Subkulturen entkoppelt bleiben." Der Staat „darf
deshalb von den Einwanderern nur die politische Akkulturation fordern. [...] Nicht gerechtfertigt ist jedoch die
über die gemeinsame politische Kultur hinausgehende
Assimilation zugunsten der Selbstbehauptung einer im
Lande vorherrschenden kulturellen Lebensform."[5]

6.3. Akkulturation und Assimilierung

Die dritte Handlungsform gegenüber ethnischer Heterogenität in Einwanderungsgesellschaften zielt ab auf *Akkulturation* bzw. *Assimilierung* mit der schrittweisen Re-
duzierung der spezifischen ethnischen Gruppenidentitäten.

Einwanderer müssen sich in der für sie neuen und fremden Gesellschaft einen bestimmten Fundus von Wissens-
beständen und Qualifikationen aneignen, der für die

Kommunikation mit und in der Mehrheitsgesellschaft notwendig ist. Aus der Macht- und Ressourcenungleichheit zwischen der eingewanderten und der einheimischen Gruppe folgt, daß überwiegend die Minderheit von der Mehrheit lernen muß. Einwanderer und andere Minderheitenangehörige müssen eine Sprache lernen, Arbeitsverhältnisse und soziale Verkehrsregeln einüben. Diese ‚funktionalen' Lernprozesse sind etwas anderes als jene Wandlungen von Überzeugungen und Maßstäben, Präferenzen und Perspektiven, die sich zumeist als Resultat des Kulturkontakts entwickeln. Solche funktionalen Lern- und Anpassungsprozesse bei Kulturwechsel können als ‚*Akkomodation*' bezeichnet werden.

Prozesse der Akkomodation können ablaufen, ohne daß die Person ihre grundlegenden Überzeugungen, Werte, Vorlieben oder Denkweisen ändert; denn Akkomodation ist zunächst nur kommunikationstechnischer Natur. Häufig bleiben Kulturkontakte jedoch nicht bei funktionaler Anpassung stehen, sondern führen weiter zu Erfahrungs- und Sozialisationsprozessen, die einen Teil oder die gesamte Persönlichkeitsstruktur einbeziehen und verändern. Diese Veränderungen möchte ich als ‚*Akkulturation*' bezeichnen. Akkulturation meint mithin durch Kulturkontakte hervorgerufene Veränderungen von Werten, Normen und Einstellungen. Akkulturation hat Akkomodation zur Voraussetzung und schließt diese ein.

Bei Kulturkontakten verändern sich nicht nur Einzelpersonen, sondern auch Gruppen, deren Strukturen und Institutionen. Akkulturation auf der Ebene der Gruppe bedeutet eine Veränderung kollektiver Werte, Normen und Praktiken. Die Richtung kultureller Veränderungen verläuft in ethnischen Mehrheits-/Minderheitensituationen aufgrund der Machtverhältnisse generell in Richtung der Mehrheit, aber keineswegs ausschließlich. Auch die

Mehrheitskultur verändert sich durch den Kulturkontakt. Akkulturation heißt also wechselseitige, wenn auch nicht gleichgewichtete Beeinflussung und Veränderung, bedeutet Annäherung der Minderheit an die Mehrheit, die aber auch bestimmte Elemente der Minderheitenkultur aufnimmt. Vecoli verwendet in einem modernen amerikanischen Diskussionskontext zwar nicht die Begriffe Akkulturation und Assimilierung; er spricht von „Synkretismus" – kennzeichnet damit aber einen „Prozeß, der nicht die einseitige Absorption der Einwanderer in die herrschende Kultur ist, sondern eher die Bildung einer neuen Kultur durch einen dialektischen Prozeß, in welchem die ethnischen Kulturen der Einwanderer aktive Determinanten sind. Die amerikanische Kultur ist nach dieser Konzeption nicht etwas Gegebenes, sondern etwas Dynamisches, das sich ständig weiterentwickelt."[6]

Akkulturation ist ein unterschiedlich weit gehender Annäherungs- und Angleichungsprozeß, der aber Personen und Gruppen in einer separaten kulturellen Existenz beläßt. Sie ändern sich, hören aber nicht auf, ethnisch unterschiedlich zu sein. Ethnische Grenzziehungen bestehen fort. Wenn Akkulturation über diesen Punkt hinausgeht, wenn ethnische Grenzziehungen und separate Gruppenexistenzen verschwinden, kann man von ‚Assimilierung' sprechen.

Von diesem Modell einer ‚freiwilligen' Akkulturation und Assimilierung zu unterscheiden sind Formen der Zwangsassimilierung. Sie widerspricht nicht nur demokratischen Grundrechten, sondern erreicht auch häufig das Gegenteil dessen, was sie anstrebt. Aus Sicht der Mehrheit kann Akkulturation dagegen als Einladung, Austausch, Werbung um Übernahme und Herausbildung neuer kultureller Muster praktiziert werden. Sie beläßt ethnische Praktiken im Privatraum. In den öffentlich-staatlichen Institutionen, bei der Arbeit, im Erziehungs- und Bildungssystem und in den Medien hingegen werden Akkulturations- und Assimilierungsstrategien verfolgt.

Die bestehende ethnische Heterogenität wird dabei als eine gesellschaftliche Übergangsform in einem – Generationen übergreifenden – Eingliederungsprozeß verstanden, bei dem sich unterschiedliche ethnische Identitäten schließlich in private Herkunftsorientierungen verwandeln. Es handelt sich deshalb keineswegs etwa um Zwangsassimilierung, wenn im Bildungssystem die Weichen für eine systematische Akkulturation der zweiten Einwanderergeneration gestellt werden. Diskurse über die Erziehung für eine multikulturelle Gesellschaft oder über interkulturelle Erziehung müssen daraufhin befragt werden, ob sie primär eine Erziehung zur ethnischen Toleranz beabsichtigen, oder aber die Befestigung ethnischer Heterogenität und ethnischer Grenzziehungen über Generationen hinweg zum Ziel haben bzw. als Wirkung erreichen.

Der Erfolg von Akkulturationsstrategien ist entscheidend gebunden an eine Offenheit der Einwanderungsgesellschaft als Mehrheitsgesellschaft. Diese Offenheit hat eine rechtlich-politische, eine materiell-ökonomische und eine soziale Dimension: Zu der rechtlich-politischen Dimension gehören grundlegende Prinzipien staatlicher Politik gegenüber Einwanderern, vor allem die Sicherheit des Aufenthaltes, Zugänge zum Arbeitsmarkt, Sozialleistungen und Bildungsangebote, Möglichkeiten politischer Partizipation und die Erlangung der Staatsbürgerschaft. Die materiell-ökonomische Dimension umfaßt das Ausmaß der ökonomischen Chancen, die den Einwanderern geboten werden. Die soziale Dimension betrifft die Art und Intensität von Kontakten, von Vorurteilen und Verhaltensdiskriminierungen der Mehrheit gegenüber den Einwandererminderheiten.

Für all diese Zusammenhänge gilt, daß Offenheit oder Geschlossenheit der Mehrheitsgesellschaft nicht Konstanten, sondern Variablen sind. In ‚schlechten Zeiten' mit Arbeitslosigkeit, Wohnungsproblemen, Überlastungen der öffentlichen Haushalte, der Sozialleistungen und der Infrastruktur, kurz im Kampf um knapper werdende Ressourcen, setzen in Marktgesellschaften Prozesse der Ausgrenzung von Minderheiten und Zuwanderern ein; in ‚guten Zeiten' ist die Offenheit größer.

6.4. Politische Empfehlungen

Welche Empfehlungen könnte eine Politikberatung, die sich auf eine Soziologie inter-ethnischer Beziehungen stützt, bei der Entscheidung für bestimmte Strategien gegenüber ethnischer Heterogenität in modernen Gesellschaften geben? Grundlegend ist zunächst eine wichtige Unterscheidung: Es gibt multi-ethnische Gesellschaften, in denen unterschiedliche Ethnizität mit unterschiedlicher, historisch begründeter Territorialität verknüpft ist, Gesellschaften, in denen ethnisch unterschiedliche Siedlungsräume (neben ethnisch vermischten) existieren. Und es gibt multi-ethnische Gesellschaften, in denen die ethnische Vielfalt ein Resultat erst kurz zurückliegender Migrationen ist und klare Beziehungen zwischen Territorialität und Ethnizität nicht existieren. Im ersteren Fall würden Assimilierungsversuche durch eine vorherrschende Gruppe als ethnische Unterdrückung und ‚kulturelle Vertreibung' begriffen werden, gegen die Widerstand (häufig unter Einschluß von Gewalt) geboten erscheint. Gemeinsamkeit in Staaten mit ethnisch heterogenen Territorialgruppen kann aber auch über gemeinsame wirtschaftliche, politische Institutionen und Erfahrungen hergestellt oder bewahrt werden, mithin auf der Basis eines politischen Nationskonzepts, das ethnische Vielfalt als gegeben anerkennt: Nation ist dabei ein Bündnis verschiedener ethnischer Gruppen. Die Schweiz ist ein Beispiel dafür.

Einwanderungsgesellschaften, deren ethnische Vielfalt nicht territorial und historisch verfestigt ist, können die Vorteile nutzen, die aus größerer kultureller Gemeinsamkeit erwachsen. Einwanderungsgesellschaften sind nicht nur auf die Integration durch gemeinsame, politische und wirtschaftlichen Institutionen ('Systemintegration') angewiesen. Sie können zusätzlich Integration und kollektive Identifikationen durch Gemeinsamkeiten von Sprache und Kultur und den Wegfall ethnischer Grenzziehungen erreichen. Äußerst bedeutsam sind auch bestimmte Effizienzvorteile, die sprachliche und kulturelle Gemeinsamkeiten beinhalten; technisch formuliert: Die Informations- und Transaktionskosten von Interaktionsprozessen sind dabei geringer als bei ethnisch-kultureller Heterogenität.

Es ist erstaunlich, daß Jürgen Habermas sein erwähntes Plädoyer für die Verfestigung von ethnisch-kultureller Vielfalt nicht als Widerspruch zu seinen eigenen theoretischen Grundpositionen begreift. Der Bestand oder die Reproduktion von Gesellschaften hängen in der Theorie kommunikativen Handelns von Habermas[7] zum einen von Prozessen und Steuerungsinstrumenten der relativ abstrakten 'Systemintegration' ab (z.B. über Markt, Geld, Macht), zum anderen von der 'Sozialintegration' durch kommunikatives Handeln, durch sprachliche Verständigung auf der Basis geteilter Symbole und durch den Diskurs über die Geltung von Werten und Normen. Es ist evident, daß sprachliche und ethnisch-kulturelle Heterogenität gesellschaftliche Verständigungsprozesse, die Sozialintegration, stark erschweren.

Auch im Hinblick auf eine Verbesserung der sozialökonomischen Lage der Minderheiten und auf die Einleitung von Mobilitätsprozessen ergibt sich eine kritische Haltung gegenüber einer Verstetigung ethnischer Heterogenität: Besonders bei relativer Vollständigkeit der ethnischen Organisierung besteht die Gefahr einer ethnischen Selbstgenügsamkeit, die ein für das Aufbrechen ethnischer Schichtung und für soziale Mobilität notwendiges Aufnehmen außerethnischer Kontakte und die Qualifizierung für einen universalistischen Wettbewerb behindert. Das Vorhandensein ethnischer Strukturen entbindet von der Notwendigkeit, Kontakte außerhalb der eigenen Gruppe zu suchen, erschwert die Bildung der für Aktivitäten in der Mehrheitsgesellschaft notwendigen kommunikativen Qualifikationen, behindert Eheschließungen über ethnische Grenzen hinweg, verstärkt mithin Faktoren, die das bestehende System ethnischer Schichtung reproduzieren.

Ein letzter Punkt betrifft das vieldiskutierte Konfliktpotential ethnischer Heterogenität. Die Möglichkeit ethnischer Konflikte beruht zwar in der Tat zunächst einmal auf der Existenz ethnischer Gruppen innerhalb staatlich verfaßter Gesellschaften. Die bloße Existenz ethnischer Gruppen allein ist zwar keineswegs ‚automatisch‘ gleichbedeutend mit Konflikt; aber sie beinhaltet zweifellos unter bestimmten Bedingungen die Möglichkeit ethnischer Konflikte, die zu den leidenschaftlichsten und gewalttätigsten Konfliktarten gehören. Zugespitzt und etwas vereinfacht pointiert Arthur Schlesinger, der Mentor der liberalen Geschichtsschreibung in den USA, die Konfliktträchtigkeit ethnischer Gruppenstrukturen: „Was passiert, wenn Menschen unterschiedlicher ethnischer Herkunft, Menschen, die unterschiedliche Sprachen sprechen und an unterschiedliche Religionen glauben, auf demselben Territorium siedeln und unter einer politischer Herrschaft leben? Wenn es nicht ein Bewußtsein der Gemeinsamkeit gibt, werden ethnische Konflikte sie auseinandertreiben [...]. Überall in der heutigen Welt ist Ethnizität die Ursache für das Auseinanderfallen von Staaten."[8]

Inter-ethnische Konflikte können zwischen ethnischen Gruppen entstehen, aber auch zwischen ethnischer Mehrheit und ethnischen Minderheiten, wobei häufig die Minderheiten für Konflikte innerhalb der Mehrheit instrumentalisiert werden (‚Sündenbockmechanismus'). Über diese Konfliktart weiß man eine Menge. Das muß an dieser Stelle nicht wiederholt werden. Über die Konflikte zwischen ethnischen Gruppen kann hier ebenfalls nicht ausführlich gesprochen werden. Nur soviel: „Die Gefahr für die Entstehung ethnischer Konflikte ist besonders dann gegeben, wenn drei Merkmale gleichzeitig auftreten: Machtunterschiede zwischen den Gruppen (d.h. ethnische Schichtung, F.H.), eine Ideologie des Ethnozentrismus und Konkurrenz der Gruppen um knappe Güter."[9] Die ersten beiden Bedingungen sind fast überall in multi-ethnischen Gesellschaften gegeben. Die Konkurrenz der Gruppen um knappe Güter stellt sich vorwiegend in sozialökonomischen Krisensituationen und bei kapazitätsüberschreitender Zuwanderung ein.

Die Überlegungen zur Politik gegenüber ethnischer Heterogenität können in einem nicht-ethnischen Nationsbegriff zusammengeführt werden. Er sucht Gemeinsamkeiten zwischen ethnischen Gruppen herzustellen, nicht die Unterschiede zu feiern, und diese Unterschiede über Akkulturation in ihrer Bedeutung für soziale Beziehungen zu reduzieren. Die neue gemeinsame Kultur ist nicht die ‚rein' überlieferte Herkunftskultur, sondern etwas Werdendes, bei dem zum überbrachten Bild der Kultur neue Linien und Farben hinzugefügt und andere überdeckt werden.

Aus alldem ergeben sich als Fazit drei Leitgedanken: 1. Politik und Öffentlichkeit in der Bundesrepublik müssen in eine systematische Reflexion der kulturellen Folgen der Einwanderung eintreten. 2. Eine Politik der ethnischen Toleranz sollte einhergehen mit Akkulturationstrategien, die vor allem auf die zweite Generation der Einwanderer gerichtet sind. Die Befestigung ethnischer Heterogenität würde die Wahrscheinlichkeit inter-ethnischer Konflikte beträchtlich erhöhen. 3. Für einen Erfolg von Akkulturations- und Integrationsbemühungen muß sich die deutsche Gesellschaft ökonomisch, rechtlich, politisch und sozial den Einwanderern öffnen. Aus infrastrukturellen, ökonomischen und sozialpsychologischen Kapazitätsgründen wird das nur bei einer gesteuerten und begrenzten Zuwanderung möglich sein.

1 Für theoretische und empirische Aussagen, die hier nicht näher nachgewiesen werden können, s. F. Heckmann, Ethnische Minderheiten, Volk und Nation. Soziologie inter-ethnischer Beziehungen, Stuttgart 1992.

2 E. V. Stonequist, The Marginal Man. A Study in Culture and Personality, New York 1937, S. 85.

3 Vgl. M. Brumlik, C. Leggewie, Konturen der Einwanderungsgesellschaft: Nationale Identität, Multikulturalismus und „Civil Society", in: K. J. Bade (Hg.), Deutsche im Ausland – Fremde in Deutschland: Migration in Geschichte und Gegenwart, München 1992, S. 430–442, hier S. 438.

4 H. Esser, Nur eine Frage der Zeit? Zur Frage der Eingliederung von Migranten im Generationszyklus und zu einer Möglichkeit, Unterschiede hierin theoretisch zu erklären, in: ders., J. Friedrichs (Hg.), Generation und Identität, Opladen 1990, S. 73–100, hier S. 75f.

5 J. Habermas, Die Festung Europa und das neue Deutschland, in: Die Zeit, Nr. 22, 1993, S. 3.

6 R. Vecoli, Problems in Comparative Studies of International Emigrant Communities, in: A. Hourani, N. Shehadi (Hg.), The Lebanese in the World: A Century of Emigration, London 1992, S. 716–724, hier S. 720.

7 J. Habermas, Theorie des kommunikativen Handelns, 2 Bde., Frankfurt a. M. 1981.

8 A. Schlesinger, The Disuniting of America, New York 1992, S. 10.

9 H. Esser, Die multikulturelle Gesellschaft – Ethnische Konflikte. Studienbrief Deutsches Institut für Fernstudien, Tübingen 1991, S. 43.

7. Familie, Jugend, Bildungsarbeit

Von Ursula Boos-Nünning

Die Wanderung, deren Folgen wir hier diskutieren, war als Arbeitsmigration gedacht und wurde von allen Beteiligten zunächst nur als vorübergehender Aufenthalt einzelner Erwerbstätiger verstanden. Das Nachholen der Ehepartner und Kinder war eine ungeplante Nebenerscheinung. Daß auch die Flüchtlinge zu einem großen Teil im Familienverband kommen, wurde und wird ebenfalls oft nicht wahrgenommen. Auf die Einwanderung von Familien mit ihren spezifischen Bedürfnissen – an Wohnraumversorgung, sozialer Betreuung und Bildungsangeboten – war und ist das deutsche Gesellschafts- und Bildungssystem nicht vorbereitet. Es wird weder den Kindern und Kindeskindern der einst angeworbenen Arbeitswanderer noch den Kindern der Flüchtlinge und Aussiedler gerecht.

7.1. Bildung und Ausbildung in der Einwanderungssituation

Die Kinder und Jugendlichen ausländischer Herkunft, die in zweiter oder schon dritter Generation der ‚Gastarbeiterbevölkerung' von damals entstammen und heute deutsche Schulen besuchen, sind überwiegend hier geboren. Sie haben immer häufiger gute oder ausgezeichnete deutsche Sprachkenntnisse im kommunikativen Bereich.

In vielen Punkten hat sich, oberflächlich betrachtet, ihre Bildungs- und Schulsituation normalisiert oder sogar verbessert: Ihre Anteile an den Schülern der Realschulen und Gymnasien steigen. Auch bei den Schulabschlüssen läßt sich eine kontinuierliche Verbesserung feststellen. Im allgemeinbildenden Schulsystem sinkt die Zahl der Abgänge ohne Abschluß (1990: 19,5 Prozent), während die Zahl der Schüler steigt, die mehr als nur den Hauptschulabschluß erreichen. Allerdings stieg auch das Niveau der Abschlüsse bei den deutschen Schülern, so daß sich durch den Schulerfolg der ausländischen Schüler der Abstand zu den deutschen nicht in gleichem Maße verringert hat.

Dieser Abstand ist vielmehr nach wie vor beträchtlich: Ein Vergleich der Anteile an der Gesamtzahl der Schulabgänger zeigt, daß es heute z. B. immer noch ca. dreimal so viele deutsche wie ausländische Abiturienten gibt und daß mehr als dreimal so viele ausländische wie deutsche Jugendliche die Hauptschule ohne Abschluß verlassen. Einzelne Daten weisen sogar auf eine Verschlechterung der Bildungssituation bei einem Teil der Schüler ausländischer Herkunft hin. Das gilt z. B. für die Zahl der Überweisungen in die Sonderschulen für Lernbehinderte. Die Quoten liegen bei Schülern türkischer und italienischer Herkunft doppelt bzw. dreimal so hoch wie bei deutschen Schülern.

Die Bildungssituation der zweiten Generation hat sich demnach zwar grundsätzlich verbessert; der gestiegenen Zahl derjenigen, die im Bildungssystem zurechtkommen, steht aber eine erhebliche Zahl von in der Schule nur scheinbar erfolgreichen und eine große Zahl von nicht erfolgreichen Kindern und Jugendlichen gegenüber.

Weitaus negativer ist die Bilanz beim Übergang in Ausbildung oder Beruf. 1991 standen nach den vom Statistischen Bundesamt ermittelten vorläufigen Zahlen rund

108 800 Jugendliche ausländischer Herkunft in einer beruflichen Ausbildung, eine deutliche Verbesserung gegenüber früheren Jahren (1984: ca. 49 000, 1989: ca. 83 600). Die Steigerungsraten machen manchmal vergessen, daß die Versorgung der für eine Ausbildung in Frage kommenden Altersgruppe nach wie vor schlecht ist. Ende 1990 befanden sich (jeweils bezogen auf die Gesamtzahl der 15- bis 18jährigen der jeweiligen Nationalität) nur 27 Prozent der griechischen, 35,5 Prozent der türkischen, 40 Prozent der jugoslawischen, 43 Prozent der italienischen, 44 Prozent der portugiesischen und 49 Prozent der spanischen Jugendlichen in einer beruflichen Ausbildung. Die Vergleichszahl für die deutschen und ausländischen Jugendlichen gemeinsam lag bei über 72 Prozent. Im Gegensatz zu im Alltag verbreiteten Vorstellungen ist die Unterrepräsentation in der Ausbildung demnach nicht nur ein Problem türkischer Jugendlicher. Trotz der Entspannung am Ausbildungsstellenmarkt hat sich die Ausbildung der Jugendlichen aller sechs Nationalitäten im Vergleich zu deutschen Jugendlichen relativ wenig verbessert. Aber selbst die oben angeführten Zahlen geben das Ausmaß der Benachteiligung von Jugendlichen ausländischer Herkunft nicht ausreichend wieder. Ausländische sind stärker als deutsche Jugendliche auf nur wenige Berufe konzentriert und haben überdurchschnittlich hohe Abbruchquoten. Da sie in Bereichen lernen, die nach der Ausbildung geringere Beschäftigungsmöglichkeiten im erstrebten oder in einem verwandten Beruf eröffnen, ist ihr Risiko, nach Abschluß der Ausbildung arbeitslos zu werden, doppelt so hoch wie das deutscher Jugendlicher.

Wenn schon Schule und Gesellschaft den Kindern und Enkeln der Arbeitsmigranten von damals noch immer unzureichende Chancen in Bildung und Ausbildung bieten, so fällt es deutschen Institutionen um so schwerer, sich gleichzeitig noch auf die Aufnahme neuer Zuwanderergruppen einzulassen: Kinder von Aussiedlern, die zwar rechtlich Deutsche sind, deren Eltern aber kein und deren Großeltern ein ‚fremdes' Deutsch sprechen; Kinder von Asylberechtigten, die zum Teil erst nach einem mehrjährigen Verfahren, währenddessen sie keinen Anspruch auf geeignete Eingliederungshilfen haben, den Weg in deutsche Bildungseinrichtungen finden; Kinder von abgelehnten, aber aus humanitären Gründen als De-facto-Flüchtlinge geduldeten Asylbewerbern ohne Anspruch auf Eingliederungshilfen; schließlich die oben genannte, größte Gruppe: die in Deutschland geborenen und aufgewachsenen Kinder bzw. Enkel aus der seit langem in Deutschland ansässigen Ausländerbevölkerung, die das Herkunftsland ihrer Eltern oder Großeltern oft nur noch von Urlaubsbesuchen her kennen, als ‚ausländische Inländer' der zweiten oder dritten Generation de jure nach wie vor Ausländer sind und sich zum Teil von der deutschen Mehrheit nicht akzeptiert oder sogar abgelehnt fühlen.

All diesen verschiedenen Gruppen von Kindern und Jugendlichen mit ihren ganz unterschiedlichen Lebenserfahrungen und Problemlagen sollen Kindergärten und Schulen, Berufsausbildung und Beratungseinrichtungen in gleicher Weise gerecht werden. Sie sind auf solche gewaltigen Eingliederungsaufgaben nach wie vor nicht zureichend eingerichtet und deswegen damit vollkommen überfordert. Die Leidtragenden sind die Kinder und Jugendlichen ausländischer Herkunft allein, aber nur vorerst; denn die sozialen Folgekosten unzureichender Hilfestellungen im Eingliederungsprozeß wird die Gesellschaft insgesamt zu tragen haben.

Benachteiligungen in Bildung und Ausbildung lassen sich anhand von Statistiken belegen. Versteckter und nur in Einzeluntersuchungen nachzuweisen sind Probleme im Sozialisationsprozeß, für die kein adäquates Beratungsangebot zur Verfügung steht. Sie sprechen aus der Zunahme von abweichendem Verhalten in schulischen und außerschulischen Bereichen, produziert (auch) durch eine verfehlte Bildungspolitik. Es kann nicht nur darum gehen, Einzellösungen für bestimmte Gruppen (die zweite oder dritte Generation aus der früheren ‚Gastarbeiterbevölkerung', Aussiedlerkinder o. a.) zu finden. Es fehlt schlechthin an Gesamtkonzeptionen für das Bildungssystem im Eingliederungsprozeß. Sie müssen berücksichtigen, daß sich in Deutschland nicht nur eine multikulturelle und -ethnische Gesellschaft herausgebildet hat, sondern daß zu den ‚alten' Einwanderergruppen auch ständig neue Gruppen und damit neue Anforderungen treten. Die deutsche Gesellschaft ist in weiten Bereichen längst zu einer Einwanderungsgesellschaft mit der ihr eigenen Dynamik geworden. Dieser Herausforderung muß auch und gerade im Bildungssystem entsprochen werden.

7.2. Irrtümer und Fehler in der Arbeit mit Einwandererfamilien

Viele – zuweilen etwas vordergründige – Hoffnungen auf einen sich mehr oder minder ‚naturwüchsig', gewissermaßen von selbst ergebenden Eingliederungsprozeß und auf ein immer engeres Zusammenleben von Einheimischen und Einwanderern haben sich nicht erfüllt. Die Ausländerzahlen haben sich nicht, wie erwartet, auf ein bestimmtes Niveau eingependelt. Die Neuzuzüge sind nicht geringer geworden; vielmehr nimmt die Wohnbevölkerung mit fremdem Paß und/oder mit fremder Muttersprache weiterhin zu, trotz Rückwanderungen ins Herkunftsland. Aber auch im Blick auf die Sozialisation in den Einwandererfamilien, die Wirksamkeit der Angebote im Vermittlungsbereich von Jugend- und Sozialarbeit, Vereinen und Selbstorganisationen sowie im Bildungssektor insgesamt, müssen heute manche Hoffnungsbilder korrigiert werden. Wenn die an den Erfahrungen ‚klassischer' Einwanderungsländer orientierte Hoffnung auf den sich jedenfalls in der zweiten Generation ohne weiteres ergebenden Eingliederungsprozeß heute zum Teil korrigiert werden müssen, so hat das vor allem damit zu tun, daß in der Bundesrepublik eben gerade die orientierenden Leitperspektiven fehlten, die für Einwanderer in den ‚klassischen' Einwanderungsländern so hilfreich waren und sind.

Probleme der Einwanderergeneration, insbesondere beruflich-soziale Benachteiligung und mangelnder beruflicher Aufstieg, werden teilweise an die nachfolgende Generation ‚vererbt'. Zwar wächst unter den Einwanderern die Zahl derer, die in die Ebene der Facharbeiterberufe aufgestiegen oder als Selbständige tätig geworden sind, die angemessenen Wohnraum erhalten oder Wohnungs- bzw. Hauseigentum erwerben – aber für einen großen Teil der Ausländerfamilien hat sich in diesen Punkten wenig geändert. Zugenommen hat die Konzentration auf Kontaktpersonen und Einrichtungen innerhalb der eigenen ethnischen Gemeinschaft. Die bei der Einwanderergeneration vorhandene Isolierung gegenüber der deutschen Umgebung wird nur bei einem Teil der Kinder und Jugendlichen der zweiten Generation aufgebrochen. Heute leben Jugendliche aus deutschen und aus Einwandererfamilien weniger mit- als nebeneinander. Unabhängig von der Wohnsituation (z.B. in relativ abgeschlossenen ‚Kolonien'), von Aufenthaltsdauer und Berufstätigkeit hat ein großer Teil der ausländischen Jugendlichen keine Kontakte zu deutschen Gleichaltrigen. Relativ selten wird auch der Wunsch nach mehr Kontakten geäußert. In den letzten Jahren nahmen vielmehr Abwehrhaltungen auf beiden Seiten zu: Deutsche Jugendliche meiden Freizeiteinrichtungen, die überwiegend von Jugendlichen ausländischer Herkunft besucht werden, letztere behaupten, keinen Kontakt zu deutschen Gleichaltrigen herstellen zu wollen.

Jugendliche ausländischer Herkunft bezeichnen in Befragungen ihre Benachteiligung als Ausländer als den zentralen Punkt ihrer Lebenssituation. Diskriminierung wird dabei eher in Form einer allgemeinen als in einer persönlich erfahrenen Benachteiligung wahrgenommen, mehr anonym erlebt (z.B. auf der Straße) als im persönlichen Kontakt (z.B. in der Schule). Sie wird weniger deutlich, wenn die Kontakte auf die eigene ethnische Gruppe beschränkt bleiben, stärker jedoch, wenn ein Anspruch auf gemeinsame Freizeit oder auf sonstige Gemeinsamkeiten erhoben wird. Diskriminierung wird vor allem dann wahrgenommen, wenn es um knappe Güter wie Wohnungen oder Arbeitsstellen geht. Ein großer Teil der Jugendlichen ausländischer Herkunft fühlt sich von den Deutschen als minderwertig eingeschätzt und schlecht behandelt. Neuerdings kommen Ängste vor fremdenfeindlicher Gewalt hinzu. Bei alledem muß berücksichtigt werden, daß, wie Umfragen seit 1964 belegen, ein erheblicher Teil der westdeutschen Bevölkerung, Jugendliche wie Erwachsene, das Zusammenleben mit Einwanderern nicht akzeptiert hat. Ein Fünftel bis ein Drittel stimmt ausländerfeindlichen Parolen zu.

Obgleich ein erheblicher Teil der Jugendlichen ausländischer Herkunft das Herkunftsland ihrer Eltern oder Großeltern nur aus Erzählungen oder Urlaubsbesuchen kennt, richten sich die subjektiven Vorstellungen des weitaus größten Teils dieser Gruppe nicht auf einen Daueraufenthalt in Deutschland. Neuere Untersuchungen sprechen von der Unplanbarkeit der Zukunft und einer immer noch vorhandenen Einbeziehung von Rückkehrgedanken in die Lebensplanung. Die Rückkehrorientierung ist in vielen Fragen handlungsrelevant, z. B. bei der Wahl von Schule und Beruf, bei der Kontrolle der Schwestern durch die Söhne der Familie, bei der Wahl des Ehepartners u. a. m.

Auf seiten der ausländischen Wohnbevölkerung und auch der jugendlichen Ausländer werden zuweilen Bemühungen um Annäherung an die Deutschen zurückgenommen. Gründe sind eine Mischung aus Rückzug, Angst und Ablehnung. Rechtsunsicherheit und erfahrene Ablehnung durch Deutsche, Fremdenfeindlichkeit und fehlende beruflich-soziale Chancen verstärken für alle Einwanderergruppen – mit Ausnahme der Aussiedler – den Druck zur Doppelplanung ihres Lebens. Darin mag eine Ursache dafür liegen, daß sie bei der Suche nach Rat und Hilfe verstärkt auf Einrichtungen der eigenen ethnischen Gemeinschaft zurückgreifen und für deutsche Beratungsstellen schwer erreichbar sind.

Den Einwandererfamilien stehen zwar in allen Betreuungseinrichtungen grundsätzlich die gleichen Angebote offen, die für deutsche Familien gelten. Auch bei Behinderungen, Lernschwierigkeiten und psychischen Problemen ihrer Kinder können sie sich an kommunale Einrichtungen wenden. Bei allen Beratungsangeboten, von der Berufs- bis zur Drogenberatung, ist indes eine Zurückhaltung (,Inanspruchnahmebarriere') der Familien und der Jugendlichen zu registrieren, die ein Beratungsdefizit entstehen ließ. Das ist um so gravierender, weil die Organisationen der ethnischen Gemeinschaften nur in wenigen Kommunen und Bundesländern unterstützt werden und spezielle Einrichtungen für Einwanderer – wie die Beratungsstellen der Wohlfahrtsverbände – auf die Probleme und Fragen der zweiten und dritten Generation unzureichend vorbereitet sind. Die deutsche Öffentlichkeit setzt sich kaum damit auseinander, daß es für ausländische Kinder und Jugendliche an adäquaten Beratungseinrichtungen fehlt. Den deutschen Einrichtungen ist darüber hinaus der Kontakt zu den als ,fremd' charakterisierten ethnischen Gemeinschaften, insbesondere zu denen der türkischen Einwandererbevölkerung, unangenehm.

Die Institutionen haben sich in unterschiedlichem Maße mit der Aufgabe auseinandergesetzt, die Folgen der Einwanderung zu bewältigen. Der Kindergarten zeigt sich trotz seiner großen Bedeutung für eine Eingliederung der Kinder aus Einwandererfamilien und für die interkulturelle Erziehung als Einübung in eine multikulturelle Gesellschaft in der Regel eher zurückhaltend. Obgleich es an exakten Statistiken fehlt, muß davon ausgegangen werden, daß Kinder ausländischer Arbeitnehmer eher unterrepräsentiert sind. Am schnellsten hat das allgemeinbildende Schulsystem reagiert. Als im Rahmen der Familienzusammenführung schulpflichtige Kinder von Ausländern ins Land kamen, wurden schulorganisatorische Lösungen und eine große Zahl kompensatorischer Maßnahmen angeboten: von der Hausaufgabenhilfe bis zu Sprachkursen, von Freizeitangeboten bis zu Stadtteilprogrammen. Das Ergebnis indes blieb, wie schon erwähnt, im Blick auf die Vermittlung von Qualifikationen eher dürftig: Beruflichen und sozialen Aufstieg erreicht nur ca. ein Drittel.

Heute stehen Sozialpädagogik und Schule vor neuen Fragen. Während im Grundschulalter Lernschwierigkeiten, wenn nicht Lernstörungen als wesentliche Probleme genannt werden, klagen Hauptschullehrer über Verhaltensschwierigkeiten und Disziplinprobleme auch mit dieser Gruppe. Auch Schüler ausländischer Herkunft fallen auf durch Schulschwänzen, fehlendes Interesse an der Schule, durch Aggressionen und abweichendes Verhalten bis hin zur Kriminalität. Abgesehen von den immer schwieriger werdenden Arbeitsbedingungen an den Hauptschulen, ist hier freilich zu berücksichtigen, daß bei Jugendlichen ausländischer Herkunft auch früher schon von deutschen Lehrern gern auf Verhaltensstörungen hingewiesen wurde, und daß es damals wie heute schwierig war und ist, zwischen zugeschriebenen und tatsächlichen Verhaltensproblemen zu unterscheiden.

Vor allem ist es den Lehrern in der Konfrontation mit den Folgen eines gestörten Eingliederungsprozesses kaum möglich, die Ursachen für möglicherweise abweichendes Verhalten zu ermitteln. Dazu gehören Frustrationen durch sprachliche oder fachliche Über- oder Unterforderung in der bisherigen Schullaufbahn, fehlende Hilfen im Elternhaus, Anpassungsdruck gegenüber den deutschen Gleichaltrigen, der Schule und der deutschen Gesellschaft, Diskrepanzen zwischen den Anforderungen von Elternhaus und Schule u.a.m. Obgleich die meisten deutschen und ausländischen Schüler miteinander aufgewachsen sind und gemeinsam die Schule besucht haben, sind die wechselseitigen Kontakte außerhalb der Schule nicht gewachsen. Vielmehr prägen Vorurteile auf beiden Seiten das Verhältnis zueinander. Auch heute wissen deutsche Lehrer das Verhalten von Jugendlichen ausländischer Herkunft kaum einzuordnen und zu unterscheiden zwischen psychischen Problemen, Verhaltensauffälligkeiten, schichtspezifischen bzw. strukturellen Benachteiligungen, kulturell bedingten Mustern und durch die Einwandererexistenz zwischen zwei Kulturen verursachten Orientierungsproblemen. Daraus resultiert die Versuchung, jedes nicht unmittelbar verständliche und störende Verhalten als auffällig und abweichend zu etikettieren.

Die von vordergründigen und einseitigen Assimilationsvorstellungen getragene Erwartung, das Aufwachsen in Deutschland werde zu einer gänzlichen Anpassung an die deutschen Lebensformen führen, hat sich nur teilweise erfüllt. Differenzen werden vor allem in den Lebensbedingungen der Mädchen ausländischer Herkunft deutlich. In vorschneller Vereinfachung wird dabei oft nur auf die Lebensbedingungen türkischer Mädchen in Deutschland abgehoben. Gestützt auf Presseberichte, Filme, aber auch wissenschaftliche Literatur werden die Einschränkungen – mangelnde Freiheiten oder die Unmöglichkeit, eine Schule bzw. eine Ausbildungsstelle in einer anderen Stadt zu besuchen, Kleidungsvorschriften, das Verbot, am Schwimm- oder Sportunterricht teilzunehmen – auf patriarchalische Familienstrukturen und die darin begründete Vorherrschaft des Mannes sowie auf Vorstellungen von Scham und Ehre zurückgeführt. Patriarchalismus und die Kontrolle der Mädchen werden dabei nicht selten schlicht mit ‚dem Islam‘ oder ‚dem islamischen Fundamentalismus‘ begründet, eine Erklärung, die nicht ausreicht.

Richtig ist jedoch, daß der Rückzug vieler ausländischer Familien, nicht nur der türkischen, sondern – mit anderen Formen und weniger nach außen sichtbar – auch der griechischen und italienischen, die Einbeziehung der Jugendlichen und insbesondere der Mädchen erschwert, wenn nicht verhindert. Gespräche zwischen Pädagogen und ausländischen Familien oder Jugendlichen sind zuweilen eher schwieriger geworden: Lehrer resignieren und sind nicht oder doch nicht mehr bereit, immer wieder Zeit und Kraft in den Versuch zu investieren, die ausländischen Eltern für die Teilnahme ihrer Tochter an schulischen und außerschulischen Aktivitäten zu überzeugen – von der Klassenfahrt über die Projektarbeit am Abend bis zum Besuch des Berufsinformationszentrums. Sie fragen nicht mehr nach den Gründen für die Verweigerungen, weil ihnen der Rückzug, ‚der islamische Fundamentalismus‘, eine hinreichende Begründung zu bieten scheint. Die Eltern, deren Zukunftsorientierungen oft auf die Rückkehr ins Herkunftsland ausgerichtet sind, deren Bezugsgruppe die ethnische Gemeinschaft in Deutschland, nicht aber die deutsche Einrichtung ist, sind teilweise ebenfalls nicht an einer Einbindung ihrer Kinder in die deutsche Schule und Gesellschaft interessiert, gerade weil sie Angst vor einer Anpassung ihrer Kinder an deutsche Vorstellungen haben; denn dies würde für sie die Entfremdung von ihren Kindern bedeuten. Auch dies gehört zu den alltäglichen Zeugnissen eines blockierten Einwanderungsprozesses.

Völlig diffus und unterschiedlich nach Bundesland und innerhalb der Bundesländer von Stadt zu Stadt ist die Lage der Kinder von Flüchtlingen. Ihre Schulpflicht und damit ihr Recht auf Schule ist längst nicht überall gesichert und wird in noch mehr Fällen nicht durchgesetzt. Deutlich mehr investiert wird in die Integration der Aussiedlerkinder, denen spezielle Eingliederungshilfen zur Verfügung stehen.

Die Distanz zwischen Einwanderfamilien und deutschen Einrichtungen wird dadurch verstärkt, daß pädagogische Maßnahmen mit dem Ziel durchgeführt wurden und werden, Kinder und Jugendliche möglichst rasch einem unveränderten ‚deutschen‘ Unterricht anzupassen und sie in die bestehende ‚deutsche‘ Gesellschaft zu integrieren, ein Prozeß, der in der Regel im Passiv umschrieben zu werden pflegt. Unter dieser Perspektive ging es um die Verringerung von scheinbaren Defiziten (in

Sprach-, Fachkenntnissen und Sozialisation), die es kompensatorisch aufzuarbeiten galt. Dabei wurde die zwischen Herkunftsland der Eltern und Einwanderungsland siedelnde Herkunftskultur der Kinder – scheinbar funktionslos in Schule und Gesellschaft – entweder ignoriert oder irrtümlich mit der Kultur der Herkunftsländer gleichgesetzt. Was ausländische Schüler in die Schule einzubringen vermögen – Zweisprachigkeit, die Lebensfähigkeit in oder zwischen zwei Kulturen – wird kaum wahrgenommen und selten positiv aufgegriffen.

Zu Schwierigkeiten führte eine weitere Fehldeutung: Bis heute noch wird vielfach davon ausgegangen, daß Kinder und Jugendliche ausländischer Herkunft als einzelne Personen in die deutsche Gesellschaft integriert werden können. Die Familien werden dabei mehr als Hindernis denn als Hilfe betrachtet. Gerade diese Auffassung hat die Vorbehalte von Einwandererfamilien gegenüber deutschen Erziehungseinrichtungen und der deutschen Aufnahmegesellschaft insgesamt hervorgerufen oder doch verstärkt. Pädagogische Überlegungen müssen die Bedeutung der Einwandererfamilien für die Eingliederung der Einwandererkinder berücksichtigen. Kinder und Jugendliche müssen im Eingliederungsprozeß im Zusammenhang der Einwandererfamilie und ihrer ethnischen Gemeinschaft gesehen werden.

7.3. Erziehung für eine multikulturelle Gesellschaft

Erziehungskonzepte für eine multikulturelle Einwanderungsgesellschaft richten sich besonders auf Kinder und Jugendliche aus eingewanderten Minderheiten. Sie beschäftigen sich aber, weil Eingliederung immer ein Prozeß auf Gegenseitigkeit ist, auch mit Kindern und Jugendlichen aus deutschen Familien und damit auch mit dem Erziehungs- und Bildungsauftrag einer multikulturellen Gesellschaft insgesamt.

Im Zentrum steht das Bemühen um die Verbesserung der schulischen, beruflichen und damit der sozialen Situation von Kindern und Jugendlichen aus Einwandererfamilien. Dazu reichen kompensatorische Maßnahmen nicht aus. Der in der Konzeption der interkulturellen Erziehung entwickelte Neuansatz kritisiert einerseits die fehlende oder doch mangelhafte Berücksichtigung der spezifischen Bedingungen der Schüler aus Einwandererfamilien in den Bildungseinrichtungen und in der Gesellschaft insgesamt, andererseits den rigorosen, einseitigen Anpassungsdruck, dem sie hier größtenteils unterliegen. Eine Verbesserung der Situation der Einwanderer kann deshalb ohne Beiträge der Einheimischen nicht gelingen.

Interkulturelle Erziehung strebt deshalb nicht nur nach Eingliederungshilfen für eingewanderte Minderheiten. Sie ist vielmehr die pädagogische Antwort auf die durch Einwanderung entstandene kulturelle Vielfalt insgesamt. Das Konzept bezieht die aus der Einwanderung erwachsenen und sich mit ihr verändernden gesellschaftlichen Bedingungen und die sich darin wandelnden Einwandererkulturen in den Bildungsprozeß aller in Deutschland lebenden Kinder und Jugendlichen, also auch der deutschen, ein. Die kulturelle Herkunft der Einwandererfamilien wird nicht länger ignoriert oder gar als Makel behandelt, sondern als gestaltende Kraft im Eingliederungsprozeß in einer multikulturellen Gesellschaft erkannt, anerkannt und einbezogen.

Interkulturelle Erziehung leistet damit nicht nur Orientierung für die Pädagogik allein. Sie verlangt Neuorientierungen auch von der Gesellschaft insgesamt. Es geht um die Bereitschaft, andere Kulturen nicht nur als kulturelle

Herkunftsadressen zu verstehen, sondern als gestaltende Kräfte in einer als Kulturprozeß auf Gegenseitigkeit verstandenen Einwanderungssituation. Die Verwirklichung dieser Vorstellungen, von denen wir in jeder Hinsicht noch weit entfernt sind, erfordert eine grundlegende Veränderung in den Bildungseinrichtungen im Hinblick auf Curricula, Lehrbücher und Personal, aber auch in Jugendarbeit und in der gesamten Sozialarbeit. Nötig dazu ist der Schutz von Minderheitenrechten auch im Bildungssystem.

Die selbstverständlich scheinende Forderung, die Sprachen der Einwandergruppen als Begegnungssprachen in der Grundschule nicht nur zuzulassen, sondern ihre Einführung zu fördern, stößt auf Widerstände; zu selbstverständlich ist die Dominanz des Englischen. Aber selbst das Recht jedes Einwandererkindes auf Unterricht in seiner Sprache – zumindest für eine Teilgruppe in der Richtlinie der Europäischen Gemeinschaft von 1977 verankert – harrt auch in Deutschland noch immer der Einlösung.

Der Bildungsauftrag in einer multikulturellen Gesellschaft aber kann nicht funktionieren, solange er sich vor Barrieren im Zugang zu Ausbildungs- und Arbeitsstellen für Jugendliche aus Einwandererminoritäten blamiert: Diese Barrieren liegen durchaus nicht in erster Linie in den Orientierungen der Jugendlichen aus Einwandererfamilien und ihrer Eltern, auch nicht in den fachlichen Voraussetzungen. Jugendliche aus Einwandererfamilien haben vielmehr in der Konkurrenz mit deutschen Jugendlichen bei gleichen oder ähnlichen Voraussetzungen vielfach schlechtere Chancen. Die Frage, ob nicht eine ausgleichende Bevorzugung, etwa in Gestalt besonderer Berücksichtigung bei Bewerbungen, angebracht ist, wird bisher nicht einmal ernsthaft diskutiert. Zumindest für die Einstellung in den öffentlichen Dienst, bei dem z.B.

Jugendliche ausländischer Herkunft bisher kaum Berücksichtigung finden – mit 1,9 Prozent der Auszubildenden, gegenüber 5,8 Prozent in Industrie und Handel sowie 9,4 Prozent im Handwerk –, müßten umgehend entsprechende Konzepte entwickelt werden.

Das erfolgreiche Suchen, Finden und Einüben von neuen Formen des Miteinanderumgehens in einer multikulturellen Einwanderungsgesellschaft kann von Konzepten der interkulturellen Erziehung entscheidend mitgestaltet werden. Die Akzeptanz, die Gleichberechtigung und zugleich die gezielte Förderung von Einwandererfamilien und ihren Kindern und Jugendlichen im Eingliederungsprozeß aber setzt grundlegende Veränderungen auf seiten der Mehrheitsgesellschaft, in Recht und Politik voraus: Ein Land, das sich weigert, Einwanderungsland zu sein, kann Einwanderern keine zureichenden Perspektiven bieten und das gespannte Verhältnis von einheimischer Mehrheit und zugewanderten, häufig seit Generationen ebenfalls ‚einheimischen‘ Minderheiten nicht entkrampfen. Unabdingbar notwendig sind tiefgreifende und folgenreiche Änderungen im pädagogischen Bereich, in den Sozialisationsinstanzen und Bildungseinrichtungen. Sie brauchen als größeren Rahmen klare Konzeptionen einer aktiv gestaltenden Einwanderungs- und Eingliederungspolitik mit einer Sicherung des Rechtsstatus der Einwandererfamilien in einer multikulturellen Einwanderungsgesellschaft, die den Weg vom passiven Nebeneinander zum aktiven Miteinander planvoll erstrebt und gestaltet.

8. Minderheiten, Volksgruppen, Ethnizität und Recht

Von Otto Kimminich

8.1. Ethnizität in der Rechtsgeschichte

Die Rechtsgeschichte beginnt in archaischer Zeit, für die – abgesehen von den in Stein gemeißelten Gesetzbüchern der Königreiche im ‚Zweistromland‘ Mesopotamien – keine Dokumente vorliegen. Die Wissenschaft ergänzt daher ihre Interpretation archäologischer Funde und später aufgezeichneter mündlicher Überlieferungen durch die Erforschung von Naturvölkern, die noch in geschichtlicher Zeit auf prähistorischen Entwicklungsstufen gelebt haben. Nach allen diesen Forschungen kann es als gesichert angesehen werden, daß die Gruppen, die am Anfang der Rechtsgeschichte in Erscheinung traten, durch Blutsverwandtschaft definiert wurden. Zwar verläuft keine geradlinige Entwicklungslinie von der Familie über die Sippe und den Stamm zu Volk und Nation (alle diese Begriffe stammen erst aus viel späterer Zeit), aber die Wissenschaft sieht es als erwiesen an, daß die Gruppen, die in prähistorischer Zeit zusammenlebten, ihre Zusammengehörigkeit durch die gemeinsame Abstammung von einem Vater (oder, im Falle des Matriarchats, von einer Mutter) ableiteten.

Die erste Gruppenorganisation, die zugleich als Rechtsorganisation in Erscheinung tritt, ist die Sippe. Im germanischen Recht war sie der ursprüngliche Rechtsträger.

Die einzelnen Sippengenossen leiteten ihre individuellen Rechte aus der Zugehörigkeit zur Sippe ab und verloren sie dementsprechend mit dem (strafweisen) Ausschluß aus dem Sippenverband. Der Ausgestoßene wurde dadurch ‚friedlos‘, d. h. rechtlos. Nicht zuletzt äußerte sich hierin schon damals der inhärente Zusammenhang von Recht und Frieden.

Diese Rechtsorganisation, die anscheinend in allen Teilen der Erde die erste Phase der rechtsgeschichtlichen Entwicklung darstellt, erklärt auch die Rechtlosigkeit des Fremden in jenen Zeiten. Erst die reiferen Rechtskulturen waren in der Lage, einen Fremdenschutz hervorzubringen, d. h. den Fremden in die Rechtsordnung aufzunehmen. Sippenmitglied wurde er allerdings nur durch Einheirat oder Adoption. Wir wissen nicht, wie viele Jahrhunderte oder Jahrtausende vergingen, bis sich das Gastrecht herausbildete. Aber gemessen an der wissenschaftlich nachweisbaren Rechtsgeschichte, ist das Gastrecht eine relativ frühe Errungenschaft des Rechts. In den Anfängen setzte die Gewährung des Gastrechts voraus, daß ein Sippenmitglied die Haftung für den Fremden übernahm. (Im germanischen Recht nannte man das ‚weren‘; die Person, die das tat, war der Wirt.) Schon im Recht der griechischen Stadtstaaten, und später im altrömischen Recht, wurde das private Gastrecht in eine öffentliche Institution verwandelt. Damit war das Fremdenrecht als Teil der Rechtsordnung etabliert. Sowohl in den griechischen Stadtstaaten als auch im alten Rom gab es Behörden, die dieses öffentliche Gastrecht verwalteten.

Der Vorgang des Zusammenschlusses mehrerer Sippen zu größeren Verbänden (Stämmen, Völkern) liegt trotz intensiver historischer Forschung noch immer im Dunkeln. Aber es ist leicht vorstellbar, daß friedliche und gewaltsame Vorgänge (Wanderung und Niederlassung,

Eroberung und Unterwerfung) im Laufe der Zeit zu verwandtschaftlichen Bindungen über die Grenzen der Sippe hinaus führten. Die Herausbildung von Herrschaftsverbänden hängt offenbar in allen Fällen mit der Notwendigkeit einer hierarchischen Ordnung in größerem Rahmen zusammen. Die Ethnizität – die juristisch noch nicht mit hinreichender Klarheit definiert ist – spielte dabei sicher kaum eine Rolle. Unzweifelhaft überschritten schon die antiken Rechts- und Herrschaftsordnungen im Mittelmeerraum die Grenzen der Ethnizität.

Nach dem Zusammenbruch des römischen Weltreichs zerfiel zwar die einheitliche Rechtsordnung, aber die Vorstellung von einer übergreifenden Einheit, die Recht und Frieden in größerem Rahmen sichern sollte, blieb zumindest als Idealbild erhalten und fand schließlich ihren Niederschlag in der Idee des Heiligen Römischen Reiches. Am Ende der Völkerwanderungszeit entstand so eine anationale Rechts- und Herrschaftsordnung auf der Grundlage personenverbandsrechtlichen Denkens. Sie stand unter dem einigenden Dach einer ‚supranationalen‘ Rechts- und Friedensidee. Rechte und Pflichten richteten sich nicht nach der Zugehörigkeit zu Stämmen oder Völkern und nicht nach dem Wohnsitz auf bestimmten abgegrenzten Territorien. Sie waren vielmehr definiert durch persönliche, gegenseitige Treueverhältnisse in einem Lehnssystem, das sich über große Teile Europas spannte. Erst zu Beginn der Neuzeit erfolgte der Wandel vom personenverbandsrechtlichen zum territorialstaatlichen Denken. Es entstand der moderne Staatsbegriff, der aber in seiner ersten Phase immer noch anational war.

Dieser moderne Staatsbegriff ist eine Schöpfung der europäischen Kultur im Zeitalter der Renaissance. Im Zuge des Kolonialismus wurde er über die ganze Welt verbreitet und gilt als der Staatsbegriff schlechthin. Rückblikkend können zwar die Despotien des Altertums, die griechischen Stadtgemeinden und das römische Weltreich als Staaten bezeichnet werden; aber für die personenverbandsrechtlichen Organisationsformen des Mittelalters gilt dies nicht. Insofern sind die Bezeichnungen ‚Staat des Mittelalters‘ oder ‚Lehnsstaat‘ irreführend. Die gegenseitigen Treueverhältnisse zwischen Lehnsherren und Lehnsmannen sind nicht zu vergleichen mit den Untertanen- und Staatsangehörigkeitsverhältnissen späterer Zeiten. Sie waren nicht mit dem Territorium verbunden, auf dem die Einzelpersonen lebten, und nicht mit irgendeiner Gruppenzugehörigkeit. Sie beruhten ausschließlich auf persönlichen Rechtsbindungen. Das Merkmal der Gegenseitigkeit grenzt sie klar von den Über- und Unterordnungsverhältnissen des Territorialstaats der Neuzeit ab.

Der Staat der Neuzeit trat in seiner ersten geschichtlichen Phase in der Form der absoluten Monarchie auf. Das erklärt, weshalb der Begriff der Staatsangehörigkeit nicht gleichzeitig mit dem Begriff des Staates entstand, sondern erst in der konstitutionellen Monarchie des 19. Jahrhunderts. Jahrhundertelang war man z. B. nicht etwa ‚französischer Staatsangehöriger‘, sondern ‚Untertan des Königs von Frankreich‘. Die Ethnizität spielte beim Untertanenverhältnis nicht die geringste Rolle. Ganz selbstverständlich sprachen die französischen Könige von ihren ‚Untertanen deutscher Zunge‘. Insofern setzte sich die rechtliche Irrelevanz der Ethnizität, die in den Jahrhunderten der personenverbandsrechtlichen Organisation vorhanden gewesen war, in der ersten Phase des modernen Staats ohne weiteres fort. Das gilt nicht nur für die unter dem einigenden Dach des Heiligen Römischen Reiches verbliebenen Staaten Mitteleuropas, sondern für ganz Europa.

Der Begriff der Staatsangehörigkeit ist eine Schöpfung des 19. Jahrhunderts. Soweit es sich bei den Staaten jener Zeit um Monarchien handelte, verwandelte sich die Position des Souveräns – der sich in der absoluten Monarchie vollkommen mit dem Staat identifizierte – in diejenige eines Staatsoberhaupts, d.h. eines Repräsentanten des Staates. Der Staat selbst wird seither als eine eigene Rechtspersönlichkeit begriffen, die aus drei konstitutiven Elementen besteht: Volk, Gebiet und Staatsgewalt. Nach dieser im 19. Jahrhundert entwickelten Allgemeinen Staatslehre mußte das ‚Volk‘ als Element des Staatsbegriffs keineswegs ethnisch homogen sein. Noch immer hatte die Ethnizität keinen Niederschlag im Recht gefunden. Auch der Begriff der Staatsangehörigkeit blieb deshalb ohne ethnischen Inhalt.

8.2. Der Nationalstaat

Mitte des 19. Jahrhunderts entstand im Zusammenwirken zahlreicher Faktoren ein neuer Begriff, der die europäische Staatenwelt völlig durcheinanderbrachte – das sog. Nationalitätsprinzip. Der schweizerische Staatsrechtler Johann Caspar Bluntschli faßte es in die prägnante Form: Jede Nation ein Staat; jeder Staat ein nationales Wesen. Das sog. Nationalitätsprinzip ist also in Wahrheit das Nationalstaatsprinzip.

Die Wurzeln der Nationalstaatsidee finden sich – wie oft in der Ideengeschichte – etwa ein bis zwei Generationen früher. Zu ihnen zählen die Französische Revolution und die Reaktion auf die napoleonische Herrschaft außerhalb Frankreichs. Beide Faktoren haben in einer merkwürdigen Symbiose von Zusammenwirken und Gegensätzlichkeit wesentlich zur Entstehung der nationalen

Bewegungen in Spanien, Italien und Deutschland beigetragen. Auf ihrer Grundlage entstand der auch wissenschaftlich fundierte politische Volksbegriff, der die Einigungsbestrebungen in Italien und in Deutschland beflügelte.

Für die Staatslehre der Romantik war jedes Volk eine naturgegebene Einheit. Gleichzeitig vertiefte sich unter Hegels Einfluß die Vorstellung von der Eigenständigkeit des Staates als Rechtspersönlichkeit, unabhängig über den einzelnen stehend. Das Zusammentreffen beider Strömungen in der politischen Romantik des 19. Jahrhunderts blieb nicht ohne Einfluß auf das Nationalstaatsprinzip, in dem nunmehr, zum ersten Mal in der Geschichte des modernen Staates, die Ethnizität eine Rolle spielte: Das Volk wurde als ethnische Gemeinschaft begriffen. Auch der Begriff der Staatsangehörigkeit, der an sich ohne jede ethnische Dimension ist, erhielt eine Einfärbung in Richtung auf die ‚Volkszugehörigkeit‘.

Schon im 19. Jahrhundert erkannten manche Politiker und Rechtsgelehrten, daß das Nationalstaatsprinzip zumindest in Europa undurchführbar ist, weil sich die Siedlungsgebiete der Völker in Gemengelage befinden und es zahlreiche Sprachinseln und Gebiete mit gemischter Bevölkerung gibt. Das gilt besonders für den mitteleuropäischen, südosteuropäischen und ostmitteleuropäischen Raum. Solchen Gegebenheiten kann nur eine multiethnische Staatsorganisation entsprechen. Zwar konnte man im 19. Jahrhundert noch nicht wissen, zu welchen Exzessen der aggressive Nationalismus im 20. Jahrhundert führen würde. Aber schon 1849 hat der österreichische Dichter (und Jurist) Franz Grillparzer die weitere Entwicklung angesichts des Nationalitätsprinzips in das düstere Menetekel gefaßt: „Von Humanität durch Nationalität zur Bestialität". (Sämtliche Werke, Bd. 1, München 1960, S. 500).

Noch in der zweiten Hälfte des 19. Jahrhunderts, als der aggressive Nationalismus schon deutlicher hervortrat und sich mit der Forderung nach der Verwirklichung des Nationalstaatsprinzips verband, gab es eine anhaltende Diskussion um alternative Formen des Zusammenlebens der Völker in Europa unter Berücksichtigung der multiethnischen Gegebenheiten des Kontinents. Selbst der Wortführer der tschechischen Nationalbewegung, František Palacky, plädierte noch 1848 für die Aufrechterhaltung einer übernationalen Ordnung und schrieb in seinem Absagebrief an die Frankfurter Nationalversammlung vom 17. 4. 1848: „Wahrlich, existierte der österreichische Kaiserstaat nicht schon längst, man müßte im Interesse Europas, im Interesse der Humanität selbst sich beeilen, ihn zu schaffen" (zit. nach: F. S. Jucho, Verhandlungen des deutschen Parlaments, Frankfurt a. M. 1848, S. 78).

Als nach dem Scheitern der Revolution von 1848/49 der Deutsche Bund mit dem Wiederzusammentritt des Bundestags reaktiviert wurde, begann alsbald die Diskussion um eine ‚Bundesreform'. Hinter der bescheidenen Etikettierung verbarg sich die Erörterung der ‚deutschen Frage' und der Nationalitätenprobleme. Mit der Schaffung eines einheitlichen Wirtschaftsraumes unter Einbeziehung sämtlicher Teile Österreichs und Preußens – beide Staaten gehörten nach dem Beschluß des Wiener Kongresses nur mit den vor 1806 zum Heiligen Römischen Reich zählenden Teilen zum Deutschen Bund – wollte man eine nicht nur wirtschaftliche Integration Europas vorbereiten. Mit Recht werden diese Vorstellungen als ideelle Wegbereiter der erst nach dem Zweiten Weltkrieg wirklich in Gang gekommenen europäischen Integration betrachtet. Nach dem Scheitern der Pläne zur Bundesreform und der Durchsetzung der kleindeutschen (nationalstaatlichen) Lösung der deutschen Frage war Österreich gezwungen, seine Nationalitätenprobleme innerhalb des eigenen Staatsgebildes zu lösen. Verschiedene Modelle wurden entworfen und erprobt – vom Ausgleich mit Ungarn (1867) über den Mährischen Ausgleich (1905) bis zum Bukowina-Paket (1910).

Föderale Strukturen in verschiedenen Varianten, territoriale Autonomie in unterschiedlicher Intensität und personale Autonomie gehören zu den rechtlichen Instrumenten, mit deren Hilfe das Zusammenleben zahlreicher ethnischer Gruppen in einem Vielvölkerstaat – auch dieser Begriff stammt erst aus dem 19. Jahrhundert – ermöglicht werden sollte. Während Föderalisierung und Gewährung territorialer Autonomie für Völker und Volksgruppen in geschlossenen Siedlungsgebieten in Frage kommen, bleibt für Gebiete mit ethnisch gemischter Besiedlung nur die personale Autonomie. Sie garantiert den einzelnen Volksgruppen eine angemessene Repräsentation in den Legislativkörperschaften und Exekutivorganen der betreffenden Region, selbst wenn sie dort in keiner einzigen Gemeinde oder Gebietskörperschaft über eine Mehrheit verfügen. Und sie sichert jeder ethnischen Gruppe – unabhängig vom Wohnort ihrer Zugehörigen – die Selbstverwaltung in kulturellen und sozialen Angelegenheiten, einschließlich der dazu erforderlichen wirtschaftlichen Grundlage. Dieses Konzept wurde insbesondere im Mährischen Ausgleich und im Bukowina-Paket verwirklicht. In beiden Gebieten lebten mehrere Volksgruppen in gemischter Besiedlung. Mit der Zerschlagung der österreichisch-ungarischen Monarchie am Ende des Ersten Weltkriegs wurde dieses hoffnungsvolle historische Experiment abgebrochen. Die Nachfolgestaaten Österreich-Ungarns begriffen sich als Nationalstaaten, obwohl auch sie in Wirklichkeit Vielvölkerstaaten waren. Bis in die Gegenwart reichen die leidvollen Nachwirkungen dieser Politik.

8.3. Der Schutz ethnischer Gruppen

Die Notwendigkeit, ethnische Gruppen zu schützen, ergab sich erst nach dem Entstehen des politischen Volksbegriffs. Die Wiener Kongreßakte von 1815 ist das erste völkerrechtliche Dokument, in dem ein solcher Schutz (zugunsten der polnischen Minderheiten in Rußland, Österreich und Preußen) normiert wurde. Die Frankfurter Nationalversammlung verkündete am 31. Mai 1848 eine ,Nationalitätenschutzerklärung'. Aber sie war nicht in der Lage, ein europäisches Konzept für die Lösung der Nationalitätenprobleme zu verwirklichen. So wuchs im Innern der Vielvölkerstaaten, insbesondere in Österreich-Ungarn, das Streben der einzelnen ethnischen Gruppen nach einem eigenen Staat oder nach dem Zusammenschluß mit anderen, ethnisch verwandten Völkern zu einem Staat. Österreich-Ungarn war deshalb der Raum, in dem die Idee des Selbstbestimmungsrechts der Völker zum ersten Mal greifbare Gestalt annahm. Die ersten Theoretiker des Selbstbestimmungsrechts waren österreichische Sozialdemokraten (,Austromarxisten'), unter ihnen vor allem Karl Renner und Otto Bauer. Im Vielvölkerstaat Rußland stand die sozialistische Partei vor ähnlichen Problemen und schickte deshalb 1913 den jungen Josef Dschugaschwili (Stalin) nach Wien.

Auf die internationale Ebene wurde der Selbstbestimmungsgedanke erst durch den amerikanischen Präsidenten Woodrow Wilson am Ende des Ersten Weltkriegs gehoben. Die daran geknüpften Hoffnungen erfüllten sich nicht. Zwar wurde die österreichisch-ungarische Monarchie unter Berufung auf das Selbstbestimmungsrecht zerschlagen; aber das Selbstbestimmungsprinzip wurde willkürlich gehandhabt, einigen Völkern und

Volksgruppen gewährt, anderen verweigert. Nur in einem einzigen Fall gelang dem Völkerbund eine wirksame Korrektur: Auch Finnland hatte seine Selbständigkeit unter Berufung auf das Selbstbestimmungsrecht erlangt, ein Anspruch der aber gleichzeitig über die historischen Grenzen des zaristischen Rußlands hinausging und daher eine schwedische Minderheit umschloß. Zwar wurde dem von Schweden erhobenen Anspruch auf Abtretung der betreffenden Gebiete nicht stattgegeben. Der Völkerbund aber setzte ein Autonomiestatut für die von Schweden bewohnten Alands-Inseln durch. Entsprechende Minderheitenrechte für die ‚Festlandschweden' in Finnland folgten.

Die Situation der nach der Zerstörung der österreichisch-ungarischen Monarchie entstandenen Pseudo-Nationalstaaten wurde nicht wesentlich verbessert durch die in den Friedensverträgen enthaltenen Minderheitenschutzbestimmungen; denn es fehlten die Durchsetzungsmöglichkeiten. Das galt auch für die Minderheitenschutzverträge, die die Hauptsiegermächte des Ersten Weltkriegs 1919 mit Griechenland, Polen, Rumänien, Jugoslawien und der Tschechoslowakei schlossen. Die Verträge unterstellten die Minderheiten als Kollektiv dem Schutz der Signatarstaaten. Er wurde gestützt durch eine übergeordnete Garantie des Völkerbunds und ein korrespondierendes Petitionsrecht der einzelnen Minderheitenangehörigen an den Völkerbund. Aber gerade das Petitionsverfahren erwies sich als fast völlig wirkungslos; denn dem Völkerbund fehlten wirksame Instrumente zur Durchsetzung. Meist blieben die Mitteilungen im sog. Berichtsverfahren hängen, in dem die Staaten, auf deren Gebiet sich nationale Minderheiten befanden, unwahre oder beschönigende Sachdarstellungen gaben. Die 650 Petitionen, die bis 1938 vom Völkerbund ‚bearbeitet' wurden, führten zu nichts. Selbst in den wenigen Fällen, in denen der Ständige Internationale Gerichtshof mit einzelnen Fragen der Vertragsauslegung beschäftigt war, konnten nur geringe Erleichterungen durchgesetzt werden.

Das nationalsozialistische Regime nutzte die Unzulänglichkeiten des Minderheitenschutzes der Völkerbundära für seine Zwecke aus. Das brachte das gesamte Minderheitenrecht zusätzlich in Verruf. Staaten, die nach dem Zweiten Weltkrieg ihre Minderheitenprobleme durch die Vertreibung der in ihren Grenzen verbliebenen deutschen Bevölkerungsteile zu lösen suchten, hatten ein besonderes Interesse daran, den Minderheitenschutz der Völkerbundära nicht wieder aufleben zu lassen. Aber das waren keineswegs die einzigen Gründe dafür, daß nach dem Zweiten Weltkrieg die vom Völkerbund begründete Tradition des Minderheitenschutzes zunächst nicht fortgeführt wurde. Hauptursache war eine grundsätzliche Tendenzwende des gesamten Völkerrechts im Sinne der Devise: ‚Vom Minderheitenschutz der Völkerbundära zum Menschenrechtsschutz der UNO-Ära'. Nicht Gruppenrechte, sondern Individualrechte standen im Vordergrund. Dennoch vergaß die UNO den Minderheitenschutz auch in den ersten Nachkriegsjahren nicht völlig. Ihr Generalsekretär gab ein völkerrechtliches Gutachten in Auftrag, um die Fortgeltung der Minderheitenschutzbestimmungen der Völkerbund-Ära zu klären. Das Gutachten (7. 4. 1950) kam zu dem Ergebnis, daß mit Ausnahme einiger Verträge die Minderheitenschutzbestimmungen der Völkerbund-Ära erloschen seien, „weil die von ihnen geschützten Minderheiten nicht mehr bestehen" (‚Study on the Legal Validity of the Undertakings concerning Minorities', UN Doc. E/CN.4/367).

In der Allgemeinen Erklärung der Menschenrechte

(10. 12. 1948) hat der Minderheitenschutz ebensowenig Erwähnung gefunden wie in der Satzung der Vereinten Nationen, obwohl dort (Art. 1 und 55) wenigstens das Selbstbestimmungsrecht der Völker bekräftigt worden ist. Die Nichterwähnung des Minderheitenrechts beruhte nicht auf einem Versehen, sondern war Ergebnis ausführlicher Erörterungen: Der französische Delegierte René Cassin mahnte eindringlich, die UNO „sollte sich auch der Pflicht der Völkerrechtsgemeinschaft bewußt sein, das Recht des einzelnen auf Zugehörigkeit zu einer nationalen oder territorialen Gruppe zu sichern" (UN Doc. E/ CN.4/SR 8, S. 8). Der erste Entwurf der Allgemeinen Erklärung der Menschenrechte vom 1. 7. 1947 enthielt noch einen umfangreichen Minderheitenschutzartikel (Art. 46). Er wurde in den folgenden Beratungen immer weiter verwässert und schließlich ganz eliminiert. Die Befürworter der Verankerung des Minderheitenrechts im Rahmen der UNO konnten nur erreichen, daß die Generalversammlung am selben Tag, an dem sie die Allgemeine Erklärung der Menschenrechte verkündete (10. 12. 1948) eine Resolution über „das Schicksal der Minderheiten" („Fate of Minorities', Resolution 217/C III) verabschiedete. Doch war darin vom Schicksal der Minderheiten gerade nicht die Rede. Vielmehr erklärte die Generalversammlung lediglich, sie habe beschlossen, sich in der Allgemeinen Erklärung der Menschenrechte nicht besonders mit den Minderheitenproblemen zu befassen und statt dessen eine Studie über diese Probleme in Auftrag gegeben.

Erst drei Jahrzehnte später, 1979, konnte diese Studie veröffentlicht werden (‚Study on the Rights of Persons belonging to Ethnic, Religious and Linguistic Minorities', UN Doc. E/CN.4/Sub. 2/384/Rev. 1). Sie wird als Wendepunkt in der Völkerrechtsentwicklung nach dem Zweiten Weltkrieg betrachtet. Am 23. März 1976 bereits war der ‚Internationale Pakt über bürgerliche und politische Rechte' vom 19. 12. 1966 in Kraft getreten. Er bestimmt in Art. 27: „In Staaten mit ethnischen, religiösen und sprachlichen Minderheiten darf Angehörigen solcher Minderheiten nicht das Recht vorenthalten werden, gemeinsam mit anderen Angehörigen ihrer Gruppe ihr eigenes kulturelles Leben zu pflegen, ihre eigene Religion zu bekennen und auszuüben oder sich ihrer eigenen Sprache zu bedienen". Auch diese Bestimmung ist ihrem Wortlaut nach nur auf die einzelnen Mitglieder der jeweiligen Gruppen zugeschnitten und verbürgt deshalb ausdrücklich nur Individualrechte. Dennoch wird sie in der Völkerrechtsliteratur zumindest als Ansatz für Gruppenrechte angesehen, weil sie die Tatbestandsmerkmale von Gruppenrechten umschreibt.

Die stärkere Betonung von Gruppenrechten ist ein allgemeiner Zug der Völkerrechtsentwicklung seit der Mitte der 1970er Jahre. Eine Unterkommission der UNO-Menschenrechtskommission erhielt im Jahre 1978 den Auftrag, den Entwurf einer Minderheitenschutz-Erklärung auszuarbeiten. Die Arbeiten der Kommission erwiesen sich als schwierig, weil sich zahlreiche Staaten dem Minderheitenschutz noch immer widersetzen. Die UNO hält jedoch an der alten Terminologie fest. So verabschiedete die Generalversammlung am 18. 12. 1992 auf der Grundlage des von der Menschenrechtskommission erarbeiteten Entwurfs die ‚Erklärung über die Rechte von Angehörigen nationaler oder ethnischer, religiöser und linguistischer Minderheiten' (Resolution 47/135). Von seiten der ethnischen Gruppen, denen der Schutz zugute kommen soll, werden Einwände gegen die Bezeichnung ‚Minderheit' erhoben. Immer häufiger wird in der rechtswissenschaftlichen Literatur wie auch in der innerstaatlichen Gesetzessprache statt dessen der Ausdruck ‚Volksgruppe' (‚ethnic group') verwendet.

Im Rahmen der Konferenz für Sicherheit und Zusammenarbeit in Europa (KSZE) wurde von Anfang an auch über Minderheitenrechte/Volksgruppenrechte diskutiert. Die Ergebnisse waren zunächst enttäuschend. Die KSZE-Schlußakte (1. 8. 1975) sprach in einem einzigen Satz lediglich von der „Anerkennung des Beitrags, den die nationalen Minderheiten oder die regionalen Kulturen zur Zusammenarbeit zwischen ihnen in verschiedenen Bereichen der Kultur leisten können". Die Teilnehmerstaaten legten sich nur auf die Absichtserklärung fest, „diesen Beitrag unter Berücksichtigung der legitimen Interessen ihrer Mitglieder zu erleichtern", sofern „auf ihrem Territorium solche Minderheiten oder Kulturen existieren". Die Folgekonferenzen von Belgrad und Madrid erbrachten keinerlei Fortschritte.

Erst das Wiener KSZE-Folgetreffen erweckte neue Hoffnungen. In Punkt 18 seines Abschlußdokuments (15. 1. 1989) heißt es: „Die Teilnehmerstaaten werden sich unablässig bemühen, die Bestimmungen der Schlußakte und des Abschließenden Dokuments von Madrid im Hinblick auf nationale Minderheiten durchzuführen." Im darauffolgenden Punkt versprachen die Signatarstaaten, daß sie „die ethnische, kulturelle, sprachliche und religiöse Identität nationaler Minderheiten auf ihrem Territorium schützen und die Bedingungen für die Förderung dieser Identität schaffen" sowie „die freie Ausübung der Rechte durch Angehörige solcher Minderheiten achten und ihre völlige Gleichstellung mit anderen gewährleisten" würden.

So begrüßenswert dies ist, so weit bleibt es doch hinter dem zurück, was die Völkerrechtswissenschaft von Anfang an für ein wirksames internationales Volksgruppenrecht gefordert hat. Minderheitenschutz verlangt nämlich viel mehr als nur die ‚völlige Gleichstellung' der Angehörigen einer Minderheit ‚mit anderen'. Minderheitenschutz bedeutet stets Privilegierung der Minderheit; denn beim Minderheitenschutz geht es vordringlich um die Erhaltung der Gruppe im Rahmen einer von einer anderen Mehrheit bestimmten Staats- und Rechtsordnung. Der Verweis auf den Gleichheitssatz würde unter Anwendung des demokratischen Mehrheitsprinzips stets zur Überstimmung der Minderheit führen.

Deshalb kann Art. 14 der Europäischen Menschenrechtskonvention vom 4. 11. 1950, der die Bundesrepublik Deutschland mit Wirkung vom 3. 9. 1953 beigetreten ist, nicht als Minderheitenschutzbestimmung gelten: Er enthält zwar ein allgemeines Diskriminierungsverbot und erwähnt unter den verbotenen Diskriminierungsgründen auch die „Zugehörigkeit zu einer nationalen Minderheit". Aber diese Bestimmung ist wertlos, solange sie nicht ergänzt wird durch Vorschriften zum Gruppenschutz und zur Erhaltung der Gruppe, z.B. durch die Finanzierung von Minderheitenschulen und anderen kulturellen Einrichtungen, durch den Gebrauch der Muttersprache bei Behörden und Gerichten usw. Alle bisherigen Versuche, einen solchen Volksgruppenschutz auf europäischer Ebene zu schaffen, sind bisher gescheitert. Immerhin verabschiedete am 1. 2. 1993 die Parlamentarische Versammlung des Europarates eine Empfehlung, in der ein Zusatzprotokoll über Minderheitenrechte empfohlen wird. Die Empfehlung stellt ausdrücklich fest, daß die Frage des Minderheitenschutzes „von höchster Dringlichkeit ist und zu den wichtigsten Aktivitäten zählt, mit denen sich der Europarat gegenwärtig befaßt".

Das Europäische Parlament beschäftigt sich seit 1984 mit dem Entwurf einer ‚Europäischen Volksgruppencharta'. Der bayerische Abgeordnete Alfons Goppel legte am 31. 7. 1984 einen ersten Entschließungsantrag dazu vor. Über mehrere Legislaturperioden hinweg gelang es nicht, den Entwurf zur Abstimmungsreife zu führen. Kurz vor seinem Ausscheiden aus dem Europäischen Parlament unterbreitete der langjährige Berichterstatter für diesen Gegenstand, der Abgeordnete Graf Stauffenberg, einen neuen Entwurf auf der Grundlage der inzwischen gesammelten Erfahrungen und verschiedener Berichte und Entwürfe von Gremien des Europarats, einzelner Berichterstatter und privater Organisationen. Im Frühjahr 1993 legte der Abgeordnete Siegbert Alber, der nunmehr die Federführung übernommen hat, dem Ausschuß für Recht und Bürgerrechte des Europäischen Parlaments den ‚Bericht über den Schutz der Rechte von Volksgruppen in den Mitgliedstaaten durch das Gemeinschaftsrecht (Charta der Volksgruppenrechte)' vor. Wenn nicht bis Juni 1994 die Volksgruppencharta vom Europäischen Parlament verabschiedet wird, muß nach dem Ablauf auch dieser Legislaturperiode ein neuer Entwurf eingebracht werden.

In Übereinstimmung mit dem geltenden Völkerrecht definiert auch der Entwurf der Europäischen Volksgruppencharta die Volksgruppe als „die Gesamtheit all jener Staatsbürger, die im Staatsgebiet traditionell in der Folge vieler Generationen ansässig sind, gemeinsame sprachliche, geschichtliche, kulturelle und/oder religiöse Merkmale aufweisen, die sie von der üblichen Bevölkerung unterscheiden, gemeinsam über eine eigene kulturelle Identität verfügen und sich innerhalb der Gesamtbevölkerung des Staates in der Minderheit befinden". Das bedeutet, daß ethnische Gruppen, deren Mitglieder den Status von Ausländern haben, nicht in den Genuß der Volksgruppenrechte/Minderheitenrechte gelangen können. Zwar besteht die Möglichkeit, daß durch Zuwanderung neue ethnische Gruppen entstehen, die in den Genuß eines völkerrechtlichen Minderheiten- oder Volksgruppenschutzes gelangen können. Aber die Voraussetzungen dafür, besonders im Blick auf die Dauer des Aufenthaltes im Gastland, sind noch ungeklärt.

Das hindert allerdings die Staaten nicht, auch solchen ethnischen Gruppen, die nicht unter die völkerrechtliche Definition der Minderheit bzw. Volksgruppe fallen, von sich aus Gruppenrechte zuzugestehen. Das bekräftigt der vorgenannte Entwurf der Europäischen Volksgruppencharta ausdrücklich in seinem Art. 1f: „Diese Charta berührt nicht Rechte anderer Gruppen oder Minderheiten, die nicht Volksgruppen im Sinne dieser Charta sind". Der Zielsetzung der Erklärungen in der KSZE-Schlußakte von 1975 und der Wiener Folgekonferenz würde es entsprechen, Gruppenrechte für ethnische Minderheiten auch dann zu gewähren, wenn die strengen Voraussetzungen für die Zuerkennung des völkerrechtlichen Volksgruppenstatus nicht gegeben sind. Gerade diejenigen Menschen, die im Aufenthaltsland nicht den Status von Staatsangehörigen haben, dort aber jahre- oder jahrzehntelang leben und am Wirtschaftsprozeß teilnehmen, bedürfen der Unterstützung durch einen Gruppenzusammenhalt, der ihnen eine Art Heimat in der Fremde bieten kann. Solange die Staatsangehörigkeit das entscheidende Kriterium für politische Rechte ist, kann allerdings eine solche, über den herkömmlichen völkerrechtlichen Volksgruppenschutz hinausgehende Verankerung von Minderheitenrechten die Unterscheidung zwischen Staatsangehörigen und Ausländern nicht verwischen.

Wenn im Zuge der fortschreitenden europäischen Integration der Staatsbegriff seine Konturen verliert, mag sich dies wandeln. Niemand erwartet ernsthaft, daß Europa zu personenverbandsrechtlichen Strukturen zurückkehrt, wie sie jahrhundertelang im Mittelalter vorherrschten. Aber es gibt Anzeichen dafür, daß nicht nur die Epoche des Nationalstaats, sondern das ganze Zeitalter des territorialstaatlichen Denkens in nicht allzu ferner Zukunft zu Ende gehen wird. In einem ‚Europa der Regionen‘ können die Volksgruppenrechte auf eine andere Basis gestellt werden als im Europa der Nationalstaaten.

9. Migrationspolitik und Zuwanderungsrecht, Illegalität und Legalisierung, Integration und Staatsangehörigkeitsrecht

Von Michael Wollenschläger

9.1. Migrationspolitik und Zuwanderungsrecht

‚Einwanderung wider Willen'

Das Phänomen, daß Menschen ihre Heimat verlassen und in anderen Staaten oder sogar Kontinenten ihr Glück suchen, ist so alt wie die Menschheit selbst. Die Ursachen für die Wanderungsbewegungen des 20. Jahrhunderts waren und sind vielfältig: Die Wirren der beiden Weltkriege, der Ost-West-Konflikt bis zum Ende der 1980er Jahre und die sich daran anschließenden ethnischen Konflikte und wirtschaftlichen Probleme im Osten und Südosten Europas, das steigende Wohlstandsgefälle zwischen Nord und Süd, West und Ost, Umweltzerstörung und Hungersnöte in der ‚Dritten Welt' und die Verletzung der Menschenrechte sind nur einige davon. Auch die europäischen Staaten, die als rechtsstaatliche und wirtschaftlich erfolgreiche Demokratien in den vergangenen Jahrzehnten eine besondere Anziehungskraft ausübten, wurden so mit wachsender Zuwanderung konfrontiert, wenngleich weiterhin die Entwicklungsländer der ‚Dritten Welt' die Mehrzahl der Flüchtlinge aufnehmen.

In der Bundesrepublik Deutschland waren zudem die durch das Europäische Gemeinschaftsrecht garantierte

Freizügigkeit der Erwerbstätigen, die Anwerbung ausländischer Arbeitnehmer bis 1973 sowie der jeweils daran
anknüpfende Familiennachzug wesentliche Ursachen der
Zuwanderung. Deutschland wurde auf diese Weise faktisch zu einem Einwanderungsland: Betrug die Zahl der
Ausländer in der alten Bundesrepublik 1960 nur 686 200,
so war sie 1989 bereits auf 4,8 Millionen angestiegen. Im
vereinigten Deutschland leben derzeit 6,8 Millionen Ausländer. Rund 60 Prozent davon wohnen schon 10 Jahre
oder länger in Deutschland; zwei Drittel der ausländischen Kinder und Jugendlichen sind hier geboren.

Auch die Aufnahme von Aussiedlern aus Osteuropa
sowie der ehemaligen Sowjetunion verstärkte die Einglie-
derungsproblematik in der Bundesrepublik. Obwohl sie
die deutsche Staatsangehörigkeit besitzen oder als
Deutschstämmige auf Antrag einzubürgern sind, werden
Aussiedler wie Ausländer mit echten Einwanderungspro-
blemen konfrontiert, erleben Deutschland als fremde
Umgebung und Kultur. Die besonders im Bundesvertrie-
benen- und Flüchtlingsgesetz (BVFG) vorgesehenen Eingliederungshilfen dienen mit dazu, diese spezifischen
Probleme der Einwanderungssituation zu überwinden.

Abgesehen von diesen Kriegsfolgeregelungen für Deutsche und Deutschstämmige beschränkte sich die Migrationspolitik – so z.B. in den Einbürgerungsrichtlinien
und in der Begründung zum Ausländergesetz von 1990
(AuslG) – auf das bekannte Dementi, Deutschland sei
‚kein Einwanderungsland‘. Damit sollte zum Ausdruck
gebracht werden, daß die Bundesrepublik kein Einwanderungsland im Sinne der ‚klassischen‘ Einwanderungsländer USA, Kanada und Australien sein wollte. Diese
politische Leitlinie konnte jedoch nichts an der Tatsache
ändern, daß Deutschland faktisch längst zu einem Einwanderungsland geworden war.

Die sozialpolitische Komponente der Migration

Migrationspolitik betrifft nicht nur die Regelung des Zugangs, sondern auch die Gestaltung des Aufenthalts der Zuwanderer oder der bereits legal hier lebenden Ausländer. Das nun in § 10 AuslG verankerte grundsätzliche Verbot der Zuwanderung von Ausländern befreit den Sozialstaat – gerade im Interesse der eigenen Staatsangehörigen – nicht davon, auch für die Integration der Zugewanderten zu sorgen.

Die Zuwanderung von Menschen anderer Herkunft hat, soweit sie sich nicht auf Einzelfälle beschränkt, zahlreiche gesellschaftliche Auswirkungen. Die Begegnung unterschiedlicher Kulturen kann im Alltagsleben zu Spannungen und Reibungen, auch zu Konflikten führen. Andere Lebensformen und Sprachen, eine andere Hautfarbe lassen Zuwanderer als fremd erscheinen und können besonders dort, wo Ängste und Vorurteile wirken, das Zusammenleben in Nachbarschaft, Beruf und Schule schwierig gestalten. In Krisenzeiten, bei angespanntem Arbeits- und Wohnungsmarkt, werden Zuwanderer zudem oft als Konkurrenten bzw. als Bedrohung des wirtschaftlichen Wohlstands betrachtet. Abwehrhaltungen der einheimischen und Diskriminierungen der ausländischen Bevölkerung bestärken bei zugewanderten Minderheiten Tendenzen zum defensiven Rückzug in die eigene ethnische Gruppe. Dieses Verhalten in der Krise wiederum wird von der einheimischen Bevölkerung als bewußte Abschottung mißverstanden, was die wechselseitige Abgrenzung weiter erhöht – ein Teufelskreis kommt in Gang. Sieht man die Aufgabe des Rechts nicht nur in der Sicherung von Frieden und Ordnung, sondern mit der modernen Rechtssoziologie auch in der Bewältigung des gesellschaftlichen Wandels, so ist es nicht zuletzt Aufgabe des Rechts, diesen Teufelskreis zu durchbrechen. Diese funktionale Betrachtung fordert die aktive Gestaltung der Lebensbedingungen hinsichtlich gesellschaftlicher Veränderungen. Die Rechtsidee verpflichtet somit zur kritischen Reflexion, ob, in welchen Bereichen und wie das Recht auf Zuwanderung reagieren soll.

Die ordnungspolitische Komponente der Migration: Die Gestaltung des Zuwanderungsrechts

Die Gestaltung des Zuwanderungsrechts setzt einen Überblick über die Normen voraus, die Ausländern oder deutschstämmigen Aussiedlern die Einreise nach Deutschland und einen zumindest vorübergehenden Aufenthalt ermöglichen. Zuwanderung in diesem umfassenden Sinne ist nicht nur Einwanderung als in der Regel wirtschaftlich motivierte Einreise mit dem Ziel, im Aufnahmeland einen Wohnsitz oder doch dauernden Aufenthalt zu begründen, sondern auch Einreise von Saisonwanderern, Gast- oder Werkvertragsarbeitnehmern, mit der Absicht eines befristeten Arbeitsaufenthalts.

Die Zuwanderung, wie sie das geltende Recht ermöglicht, beruht auf unterschiedlichen Normen des Völker-, Europa- und nationalen Rechts. Das Völkerrecht kennt für fremde Staatsangehörige oder Staatenlose keinen allgemeinen Anspruch auf Aufenthalt in einem Staat. Demgegenüber folgt aus der Staatsangehörigkeit die völkerrechtliche Pflicht für jeden Staat, den eigenen Staatsangehörigen Einreise in das und Aufenthalt im Staatsgebiet zu gestatten. Ein zumindest vorläufiges Bleiberecht für Flüchtlinge begründet jedoch der Non-refoulement-Grundsatz des Art. 33 der Genfer Flüchtlingskonvention, der nach vordringender Ansicht bereits Bestandteil des Völkergewohnheitsrechts geworden ist. Erleichterungen bei der Aufenthaltsbegründung versprechen auch das Europäische Niederlassungsabkommen und zahlreiche andere bilaterale Freundschafts-, Handels- und Niederlassungsverträge.

Die Freiheit des Personenverkehrs in der Europäischen Gemeinschaft gewährleistet gemäß Art. 48, 52 und 59 des EWG-Vertrages den Staatsangehörigen anderer EG-Mitgliedstaaten und deren Familienangehörigen das Recht auf Einreise und Aufenthalt. War diese Freizügigkeit anfangs auf Erwerbstätige begrenzt, so führten die Rechtsprechung des Europäischen Gerichtshofs sowie die Richtlinien der Europäischen Gemeinschaft aus dem Jahre 1990 zu einer Ausdehnung der Freizügigkeit auf Nichterwerbstätige wie z.B. Studenten oder Rentner.

Das deutsche Verfassungsrecht eröffnet über Art. 11 Abs. 1 GG die Zuwanderungsfreiheit für Deutsche gemäß Art. 116 Abs. 1 GG. Dies sind deutsche Staatsangehörige und Deutschstämmige, die nachweisen können, Vertriebene oder Flüchtlinge zu sein und Aufnahme im ehemaligen Reichsgebiet gefunden zu haben. Umstritten ist allerdings, ob sich aus Art. 116 Abs. 1 GG ein Anspruch auf Aufnahme ableiten läßt. Der in dieser Bestimmung enthaltene Vorbehalt einer anderweitigen gesetzlichen Regelung würde erlauben, mit der Festlegung von Einwanderungsquoten eine Teilquote für Aussiedler vorzusehen. Mit dem Aussiedleraufnahmegesetz von 1990 und dem Kriegsfolgenbereinigungsgesetz, das am 1.1. 1993 in Kraft getreten ist, wurde bereits ein Aufnahmeverfahren mit Antragstellung im Herkunftsland und fester jährlicher Aufnahmequote geschaffen, das einem allgemeinen Einwanderungsverfahren ähnelt.

Auch nach der Neugestaltung des Asylgrundrechts besteht grundsätzlich für politisch Verfolgte weiterhin nach Art. 16a Abs. 1 GG ein einklagbarer Anspruch auf Einreise und Aufenthalt. Abgesehen von der umstrittenen Drittstaatenregelung des Art. 16 a Abs. 2 GG erfaßt dieses subjektiv-öffentliche Recht auch ein Bleiberecht für Asylbewerber bis zum Abschluß des Anerkennungsverfahrens. Das Ausländergesetz hat den Anwerbestopp aus dem Jahre 1973 gesetzlich festgeschrieben. Daher sind – nach § 10 AuslG in Verbindung mit der Arbeitsaufenthalteverordnung – nur in begrenztem Umfang Aufenthaltsgenehmigungen zum Zwecke der Ausübung einer unselbständigen Erwerbstätigkeit möglich. Weitere Zuwanderungsrechte gewährt das Ausländergesetz mit den Bestimmungen über den Familiennachzug (§§ 17 ff) und dem Recht auf Wiederkehr (§ 16).

Trotz dieser Ansätze überwiegt im geltenden Ausländerrecht weiterhin das Ordnungs- und Sicherungsdenken, während die Gestaltungs- und Befriedungsfunktion des Rechts nicht wahrgenommen wird. Ziel auch des neuen Ausländergesetzes bleibt die Verhinderung der Zuwanderung. Angesichts des steigenden Zuwanderungsdrucks aus dem Osten und Süden und der künftigen Bevölkerungsentwicklung in Deutschland darf Politik auf dieser Stufe nicht stehenbleiben. Langfristig notwendig ist vielmehr eine umfassende Reform des Ausländerrechts und eine Steuerung der wirtschaftlich motivierten Zuwanderung durch eine Einwanderungsgesetzgebung. Ausländern muß eine Perspektive eröffnet werden, im Rahmen eines geordneten, grundsätzlich vom Heimatland aus zu betreibenden Verfahrens das Recht auf Einreise, Aufenthalt und Arbeitsaufnahme zu erlangen. Da aber in einer Europäischen Gemeinschaft ohne Binnengrenzen auch für Drittstaatsangehörige Freizügigkeit faktisch bestehen wird, verspricht nur ein gemeinsames Vorgehen aller EG-Staaten Erfolg. Im Rahmen einer EG-Einwanderungsverordnung sind jährliche Quoten und

Anforderungsprofile festzulegen, die zur Berechenbarkeit der Einwanderung und damit zur Akzeptanz in der einheimischen Bevölkerung beitragen werden.

9.2. Illegalität und Legalisierung

Die Eröffnung von Wegen zu legaler Zuwanderung wird nicht verhindern, daß Ausländer wie bisher illegal einreisen und ohne Aufenthaltsgenehmigung und Arbeitserlaubnis in der Bundesrepublik Deutschland einer Erwerbstätigkeit nachgehen. Ausländer, die das Zuwanderungsverfahren und die dadurch bedingte Wartezeit umgehen wollen, werden ebenso die illegale Einreise vorziehen wie diejenigen, die wegen fehlender Ausbildung oder sonstiger persönlicher Eigenschaften nur geringe Chancen hätten, zur Einwanderung zugelassen zu werden. Der illegalen Einwanderung wird auch durch das neue Asylrecht Vorschub geleistet, das durch die Drittstaaten- und die Flughafenregelung ein Recht auf Einreiseverweigerung begründet und die Befugnis zur Abschiebung geschaffen hat. Um der Einreiseverweigerung oder sofortigen Abschiebung zu entgehen, werden künftig wohl auch Asylsuchende häufiger illegal einreisen und erst bei drohender Aufenthaltsbeendigung, gegebenenfalls unter Verschleierung des Reiseweges, einen Asylantrag stellen.

Wieviele Ausländer sich illegal in Deutschland aufhalten, kann nur geschätzt werden. Im Oktober 1991 gab das Bundesinnenministerium die Zahl von einer halben Million an. Im Jahr 1992 sollen weitere 310 000 Ausländer illegal eingereist sein. Exakt festgestellt werden kann indes lediglich die Zahl der Aufgriffe von illegal einreisenden Ausländern an den Grenzen. Nach Angaben des Bundesgrenzschutzes wurden im Februar 1993 noch 7000

Personen beim illegalen Grenzübertritt registriert. Zur Zeit ist die Zahl auf unter 3000 im Monat gesunken.

Das geltende Ausländerrecht sieht nur im Ausnahmefall die Möglichkeit vor, einen durch illegale Einreise begründeten Aufenthalt zu legalisieren. Selbst bei Ausländern, denen ein Anspruch auf Erteilung einer Aufenthaltsgenehmigung zusteht, gilt der besondere Versagungsgrund des § 8 Abs. 1 Nr. 1 AuslG: Die Einreise ohne erforderliches Visum führt zwingend zur Ablehnung des Antrags. Eine Ausnahme davon kann nach § 9 Abs. 1 Nr. 1 AuslG nur dann gemacht werden, wenn die Voraussetzungen eines Anspruchs auf Erteilung der Aufenthaltsgenehmigung offensichtlich erfüllt sind und der Ausländer nur wegen des Zweckes oder der Dauer des beabsichtigten Aufenthalts visumspflichtig ist.

Grundsätzlich möglich ist dagegen die Legalisierung einer wegen Verstoßes gegen die Arbeitserlaubnispflicht nach § 19 Abs. 1 Satz 1 des Arbeitsförderungsgesetzes (AFG) rechtswidrigen Beschäftigung. Nach § 6 Abs. 2 Nr. 1 der Arbeitserlaubnisverordnung (AEVO) kann die Arbeitserlaubnis jedoch versagt werden, wenn der Ausländer schuldhaft gehandelt hat. Darüber hinaus stellt der vorsätzliche oder fahrlässige Verstoß gegen § 19 Abs. 1 Satz 1 AFG eine Ordnungswidrigkeit dar, die mit einer Geldbuße geahndet werden kann (§ 229 Abs. 1 Nr. 1 AFG).

Die Frage, ob – wie z.B. in Italien – in verstärktem Umfang die illegale Zuwanderung nachträglich legalisiert werden sollte, ist differenziert zu beurteilen: Bezieht sie sich auf ein neu zu schaffendes Einwanderungsrecht, so ist sie zu verneinen. Um vorzeitige Aufenthaltsverfestigungen zu vermeiden und den Steuerungseffekt zu garantieren, ist das Einwanderungsverfahren grundsätzlich vom Heimatland aus zu betreiben. Eine Ausnahme kann allenfalls für Ausländer gemacht werden, die sich zur Zeit der Antragstellung bereits rechtmäßig in Deutschland oder in einem anderen EG-Staat aufhalten. Der illegal Eingereiste hat jedoch auszureisen, da er andernfalls für seinen Verstoß gegen Einreisevorschriften noch belohnt würde. Diese Grundsätze haben auch für Ausländer zu gelten, die unter Berufung auf das Asyl- und Flüchtlingsrecht ein vorläufiges Bleiberecht erlangt haben. Wird ihr Asylantrag abgelehnt, so sind sie grundsätzlich zur Ausreise verpflichtet. In beiden Fällen sollte das Einwanderungsrecht eine generelle Sperrfrist von einigen Jahren vorsehen. Erst nach deren Ablauf sollte ein Einwanderungsantrag wieder behandelt werden müssen. Verbesserungen gegenüber dem geltenden Ausländerrecht sind jedoch angebracht, wenn dem Ausländer ein Anspruch auf Erteilung einer Aufenthaltsgenehmigung zusteht. Die Ausreise zum Zwecke der Beantragung eines Visums dient lediglich der Einhaltung von Formvorschriften und stellt eine Schikane dar. Verstöße gegen ausländerrechtliche Bestimmungen im Zusammenhang mit der illegalen Einreise können im Rahmen eines Straf- oder Bußgeldverfahrens hinreichend und angemessen geahndet werden.

9.3. Integration und Staatsangehörigkeitsrecht

Der Begriff der Integration

Ziel der Ausländer-, Migrations- und Sozialpolitik muß die Integration der auf Dauer in Deutschland lebenden Ausländer sein. Der Eingliederungsprozeß setzt die Bereitschaft des Ausländers voraus, sich in die neue Lebenswelt einzufügen und ihre Grundwerte und Grundvorstellungen, die in der Verfassung ihren Niederschlag gefunden haben, zu akzeptieren. Er erfordert aber auch die Bereitschaft der Gesellschaft, den Ausländer aufzunehmen, ohne von ihm völlige Anpassung zu fordern. Diese *gesellschaftliche Integration* muß einhergehen mit der *rechtlichen Integration*, d.h. mit der Verfestigung der Rechtsstellung des Ausländers vom bloßen Aufenthaltsrecht zur vollen Gleichstellung. Dabei überzeugt weder die Ansicht, die abgeschlossene gesellschaftliche Integration sei unabdingbare Voraussetzung für die volle Gleichstellung, noch die gegenteilige Meinung, die Einbürgerung als Vollendung der rechtlichen Integration habe der gesellschaftlichen Eingliederung vorauszugehen. Zum einen läßt sich kein konkreter Zeitpunkt für den ‚Abschluß‘ eines Integrationsprozesses bestimmen, so daß allenfalls Indizien wie Aufenthaltsdauer oder Sprachkenntnisse für die rechtliche Gleichstellung durch Einbürgerung maßgeblich sein könnten. Zum anderen hängt die gesellschaftliche Integration nur teilweise von der Rechtsstellung ab. So lassen sich z.B. fremdenfeindliche Diskriminierungen auch dann nicht verhindern, wenn Zuwanderer eingebürgert worden sind.

Stufen der rechtlichen Integration

Das Ausländergesetz sieht für den Aufenthalt eines Ausländers verschiedene Aufenthaltstitel vor, die in Abhängigkeit vom Aufenthaltszweck stehen. Abgesehen von Aufenthaltsbewilligungen, die von vornherein für einen zeitlich begrenzten Zweck (z.B. Studium, Tourismus) erteilt werden, steht jeder Aufenthaltstitel einer sog. Aufenthaltsverfestigung offen. In der Regel kann nach fünf Jahren eine unbefristete Aufenthaltserlaubnis und nach weiteren drei Jahren eine in besonderem Maße vor Ausweisung schützende Aufenthaltsberechtigung erteilt werden.

Das Aufenthaltsrecht eines Ausländers führt nicht generell zu seiner Gleichstellung mit Deutschen auf anderen Rechtsgebieten. Insofern unterscheidet sich die gegenwärtige Rechtslage von der rechtspolitischen Forderung nach der Einführung eines Niederlassungsrechts, das Ungleichbehandlungen nur gestattet, soweit sie sich zwingend aus dem Völkerrecht oder aus dem Fehlen der deutschen Staatsangehörigkeit ergeben. Ausländern stehen zwar die elementaren Menschenrechte als Grundrechte zu, etwa das Recht auf ein menschenwürdiges Dasein, Religions- und Meinungsfreiheit. Jenseits dieser Garantien der Menschenrechte ist die Rechtsstellung des Ausländers jedoch häufig schwächer als die des Deutschen und abhängig von den Bestimmungen der jeweiligen Fachgesetze. Besonders ausgeprägte und differenzierte Regelungen finden sich im Sozial- und Berufszulassungsrecht. Als Beispiele sind das Sozialhilfe- und Opferentschädigungsrecht, das Recht der Ausbildungsförderung (BAföG, AFG) und die Bestimmungen über die Arbeitserlaubnispflicht (§ 19 AFG) zu erwähnen, die ausländerspezifische Sonderregelungen vorsehen und Ausländer nur teilweise mit Deutschen gleichstellen.

Insbesondere in diesen Bereichen müssen integrationshemmende durch integrationsfördernde Vorschriften ersetzt werden. Verstärkte Anstrengungen im Bildungswesen erleichtern den Weg in die Aufnahmegesellschaft. Die Integrationsmaßnahmen sollten sich an den bewährten Vorgaben bei der Integration von Flüchtlingen, Vertriebenen und Aussiedlern bzw. Spätaussiedlern orientieren. Die unterschiedliche grundrechtliche Stellung hindert den einfachen Gesetzgeber nicht, über die Grundrechtsverbürgungen hinauszugehen. Wünschenswert ist die rechtliche Gleichstellung, insbesondere in einem Antidiskriminierungsgesetz, auch wenn dies faktische Diskriminierungen nicht verhindern kann.

Ein Zwischenstadium auf dem Weg zur umfassenden Rechtsstellung bildet die partielle Zuerkennung von Mitwirkungsrechten im Rahmen gesellschaftlicher oder staatlicher Willensbildungsprozesse. Besondere Beachtung verdienen dabei die Wahlrechte zum Betriebsrat, zur Vertreterversammlung der Sozialversicherung, zu den Selbstverwaltungsorganen der Kommunen sowie zum Bundes- und Landtag.

Unabhängig von der Staatsangehörigkeit ist das aktive und passive Wahlrecht zum Betriebsrat. Nach § 7 BetrVG sind alle Arbeitnehmer über 18 Jahre aktiv wahlberechtigt. Das passive Wahlrecht setzt außerdem eine sechsmonatige Betriebszugehörigkeit voraus. Das aktive Wahlrecht zu den Vertreterversammlungen der verschiedenen Sozialversicherungszweige wird ebenfalls unabhängig von der Staatsangehörigkeit gewährt (§ 50 SGB IV). Seit August 1992 können gemäß § 51 Abs. 1 Satz 1 Nr. 3 SGB IV auch Ausländer gewählt werden, wenn sie im Bundesgebiet seit mindestens sechs Jahren wohnen oder regelmäßig beschäftigt oder tätig waren. Das Wahlrecht zum Bundes- und Landtag hingegen steht nur Deutschen zu. Nach Auffassung des Bundesverfassungsgerichts hat dies grundsätzlich auch für die Kommunalwahlen zu gelten. Begründet wurde diese restriktive Haltung damit, daß der verfassungsrechtliche Begriff des Volkes – sieht man von vertreibungsbedingten Besonderheiten ab – mit der Gemeinschaft aller deutschen Staatsangehörigen identisch sei. Eine Ausnahme gilt seit dem Inkrafttreten der Maastrichter EG-Reform am 1. 11. 1993. Nach Art. 28 Abs. 1 Satz 3 GG in Verbindung mit Art. 8b des neuen EG-Vertrages sind auch in Deutschland wohnende EG-Staatsangehörige bei Kommunalwahlen aktiv und passiv wahlberechtigt.

Es ist zu überlegen, ob nicht nach einer weiteren Verfassungsänderung allen Ausländern nach einer bestimmten Aufenthaltsdauer auch ohne vorherige Einbürgerung das Wahlrecht auf kommunaler, Landes- oder Bundesebene eingeräumt werden sollte. Um eine wirksame Vertretung ausländerspezifischer Interessen zu ermöglichen, ist jedenfalls durch Gesetz- oder Verfassungsänderung auf kommunaler Ebene die Einrichtung von Ausländerbeiräten sowie auf Landes- und Bundesebene die Berufung von Ausländerbeauftragten zwingend vorzuschreiben.

Die oberste Stufe der rechtlichen Integration von Ausländern ist der *Erwerb der deutschen Staatsangehörigkeit*. Damit entfallen alle ausländerspezifischen Sonderregelungen, die Person wird Teil des deutschen Volkes und erlangt uneingeschränkt alle Rechte eines Deutschen. Sowohl bei Erwerb der Staatsangehörigkeit durch Geburt als auch bei der Einbürgerung besteht dringender Reformbedarf.

Der *Erwerb der Staatsangehörigkeit durch Geburt* folgt dem Abstammungsprinzip (ius sanguinis). Maßgeblich ist demnach nicht der Geburtsort oder der Wohnsitz der Eltern, sondern allein die Abstammung von mindestens einem deutschen Elternteil. Es unterscheidet sich vom Geburtsortprinzip (ius soli). Danach wird die Staatsangehörigkeit des Staates wirksam, in dem ein Mensch geboren wurde. Das strenge Abstammungsprinzip des deutschen Staatsangehörigkeitsrechts ist zugunsten der Ausländer der zweiten oder dritten Generation um Elemente des Ius-soli-Prinzips zu erweitern. In Deutschland geborene und aufgewachsene Kinder von Ausländern, die sich seit mehreren Jahren hier aufhalten, haben oft keinen Bezug zu ihrem ‚Heimatland‘. Insbesondere aufgrund ihrer

Sozialisation in Schule und Ausbildung sind sie hinreichend in die deutsche Gesellschaft integriert, um einen Staatsangehörigkeitserwerb kraft Geburt in Deutschland zu rechtfertigen. Gleichwohl sollte diesen Ausländern die Option eröffnet werden, entsprechend § 26 des Reichs- und Staatsangehörigkeitsgesetzes (RuStAG) bei Volljährigkeit auf die deutsche Staatsangehörigkeit zu verzichten.

Ein Ausländer kann derzeit die deutsche Staatsangehörigkeit vor allem durch Einbürgerung erwerben. Zu den früher allein maßgeblichen Vorschriften des RuStAG, welche die Einbürgerung grundsätzlich in das Ermessen der Behörde stellen, sind 1991 mit dem neuen Ausländergesetz Bestimmungen über die erleichterte Einbürgerung getreten. Gesetz und Einbürgerungsrichtlinien sind geprägt vom Grundsatz der Vermeidung von Mehrstaatigkeit, von dem bei der Entscheidung über die Einbürgerung nur in teilweise näher konkretisierten Härtefällen abgewichen werden darf.

Die Vermeidung der Mehrstaatigkeit hat sich als ein Haupthindernis für die Einbürgerung von Ausländern erwiesen, da von den Ausnahmemöglichkeiten bisher nur in sehr begrenztem Umfang Gebrauch gemacht wird. Die Gründe dafür, warum Ausländer nicht bereit sind, im Fall der Einbürgerung ihre bisherige Staatsangehörigkeit aufzugeben, sind vielfältig: Die Aufgabe der bisherigen Staatsangehörigkeit kann den betreffenden Personen in der alten Heimat erhebliche Nachteile bringen, da sie dort im rechtlichen Sinn dann Ausländer sind. Sie unterliegen den Einreise- und Aufenthaltsbestimmungen für Ausländer, können unter Umständen keine Immobilien erwerben oder über schon vorhandenen Besitz nicht mehr verfügen. Auch im Erbfall können Probleme auftreten, die Vermögenseinbußen nach sich ziehen. Angesichts der rassistisch motivierten Gewalttaten in den vergangenen Jahren spielt bei vielen grundsätzlich einbürgerungswilligen Ausländern wohl auch die Sorge eine Rolle, sich mit der Aufgabe der bisherigen Staatsangehörigkeit eine ‚Fluchtalternative' zu verbauen. Schließlich besteht gerade bei den Ausländern der ersten Generation auch nach langjährigem Aufenthalt in Deutschland häufig noch eine Bindung an das Herkunftsland, die mit der Aufgabe der bisherigen Staatsangehörigkeit zerstört würde.

Der Grundsatz der Vermeidung der Mehrstaatigkeit ist daher jedenfalls bei Ausländern, die sich seit mehreren Jahren rechtmäßig in Deutschland aufhalten, zugunsten einer Hinnahme von Mehrstaatigkeit aufzugeben. Dem stehen die völkerrechtlichen Pflichten aus dem Übereinkommen über die Verringerung der Mehrstaatigkeit nicht entgegen, zumal in den vergangenen Jahren europaweit eine Abkehr von dessen Grundsätzen zu beobachten ist. Privat- und steuerrechtliche Schwierigkeiten sowie Probleme des Wahlrechts und der Wehrpflicht können durch zwischenstaatliche Vereinbarungen und nationale Vorschriften überwunden werden. Die Hinnahme der Mehrstaatigkeit bei der Einbürgerung kann freilich nicht verhindern, daß der Heimatstaat des einzubürgernden Ausländers entsprechend § 25 RuStAG an den Erwerb der deutschen Staatsangehörigkeit den automatischen Verlust der bisherigen Staatsangehörigkeit knüpft.

Die Analyse des geltenden Zuwanderungs- und Integrationsrechts zeigt Defizite auf. Die Umsetzung der rechts- und sozialpolitischen Vorschläge könnte dazu beitragen, dem Zuwanderungsdruck konstruktiv zu begegnen und die Eingliederung der Zugewanderten zu fördern. Das Recht käme mehr in Einklang mit der gesellschaftlichen Wirklichkeit der Einwanderungssituation im Einwanderungsland wider Willen.

10. Das Ende der Lebenslügen: Plädoyer für eine neue Einwanderungspolitik

Von Claus Leggewie

10.1. Das Ende der Legende vom Nicht-Einwanderungsland

Lebenslügen haben lange Beine. Aber irgendwann fliegen sie doch auf. Daß die Bundesrepublik für viele Zuwanderer schon vor Jahrzehnten zu einem nicht-erklärten Einwanderungsland geworden ist, bestreitet kaum noch jemand angesichts unübersehbarer Tatsachen: Die einstigen ‚Gastarbeiter‘ leben meist seit mehr als zwei Jahrzehnten in Deutschland und haben Hausstände, Familien, Dauerexistenzen gegründet. Ihre Kinder und Enkel sind zum größten Teil hier geboren. Viele der ‚Gastarbeiter‘ von einst, die geblieben sind und ihre Familien nachgeholt haben, werden sich von ihren Kindern und Enkeln im Einwanderungsland nicht trennen, hier alt und begraben werden. Das sind typische Lebensverläufe von Einwanderern, nicht von kurzfristigen Gästen oder ‚Mitbürgern‘ auf Zeit. Fast 7 Millionen Nicht-Deutsche leben mittlerweile im Einwanderungsland Bundesrepublik. Von niemandem bestritten wird die Realität von zuletzt mehr als 700 000 Zuwanderern pro Jahr – nicht etwa nur Flüchtlinge und Asylbewerber, sondern auch Familienangehörige früherer Einwanderer und Aussiedler mit definitiver Bleibeabsicht.

Obwohl schon lange keine ‚Gastarbeiter‘ mehr angeworben werden (aber über 200000 Saisonarbeitskräfte jährlich!) und trotz der restriktiven Wirkungen des neuen Asylverfahrens, geht die Zuwanderung weiter. Auf ca. 250000 im Jahr ist die Zuwanderung deutschstämmiger Aussiedler aus Osteuropa festgelegt. Diese Massenbewegung vollzieht sich so geplant und durchorganisiert wie kaum eine andere in den herkömmlichen Einwanderungsländern der Welt. Und sie führt auch für diese Einwanderer – obwohl (oder gerade weil!) sie als ‚Deutschstämmige‘ angesehen werden – in die aus echten Einwanderungsprozessen bekannten Härten und Konflikten bei der sozialen, wirtschaftlichen und kulturellen Eingliederung. Das Bundesinnenministerium mit dem Amt des Aussiedlerbeauftragten ist hier zu einer Art kleinem informellen Einwanderungsministerium geworden. Fazit: Deutschland war nicht nur für einzelne Zuwanderergruppen, die ‚Gastarbeiter‘ und ihre Familien, sondern ist heute nach wie vor und mehr denn je ein nicht-erklärtes Einwanderungsland. Die Frage, vor der Gesellschaft und Politik in Deutschland stehen, lautet daher: Soll die Bundesrepublik auch weiterhin Einwanderungsland bleiben?

Was bis vor kurzem nur von wenigen Wissenschaftlern und Publizisten, bei den für Ausländerbetreuung zuständigen Wohlfahrtsverbänden und Bildungseinrichtungen diskutiert und von ein paar Außenseitern aller politischen Lager aufgegriffen wurde, dringt zunehmend ins allgemeine Bewußtsein. Schon hat sich in Parlamenten und auf den Straßen eine rabiate Anti-Immigrations-Partei etabliert mit einem Programm der ethnischen Säuberung mitten in Deutschland. Angesichts dieser Bedrohung erklären viele das Thema Einwanderung nun für tabu. Und doch müssen gerade jetzt die Perspektiven der Einwanderungspolitik vernünftig und maßvoll diskutiert, konkrete Erfordernisse und Interessen formuliert, Handlungsspielräume und Gestaltungsperspektiven künftiger Politik rechtzeitig abgesteckt werden: Die Einwanderungspolitik von morgen muß heute erdacht und erprobt werden – nicht erst im Jahr 2010 oder noch später.

10.2. Einwanderung – eine Zukunftsinvestition

Was ist Einwanderung, wer Einwanderer? Auch in der neuen Fassung von Art. 16a GG und nach den Bestimmungen der Genfer Flüchtlingskonvention können Asylbewerber und Flüchtlinge ein Recht auf Aufenthalt bzw. Duldung in der Bundesrepublik bis zur Entscheidung über ihren Antrag beanspruchen. Doch jeder Nationalstaat bestimmt souverän nach seinen Interessen darüber, wer als Einwanderer zugelassen wird. Als Faustregel gilt: Flüchtlingspolitik ist altruistisch, Immigration dagegen egoistisch. Denn Flüchtlinge müssen aus humanitären Gründen aufgenommen werden – und Europa täte gut daran, sich besser auf weitere Flüchtlingsströme aus Bürgerkriegs- und Katastrophengebieten einzustellen. Einwanderern gegenüber besteht eine solche Verpflichtung nicht. Einwanderungspolitik unterliegt dem Primat nationaler Interessen und, günstigenfalls, der politischen Klugheit. Einwanderungs und Flüchtlingspolitik unterscheiden sich mithin nach Inhalt und Form wesentlich.

Während politische Flüchtlinge in aller Regel möglichst bald in ihre Heimat zurückkehren wollen, die sie unfreiwillig verlassen mußten, verlegen Einwanderer ihren Lebensmittelpunkt zielstrebig und bewußt in ein anderes Land. Zwar läßt sich diese Trennung zwischen Flüchtlingen und Einwanderern in der Wirklichkeit nicht sauber durchhalten, aber für die Formulierung einer vernünftigen Politik ist sie unabdingbar.

Diese Unterscheidung hat Konsequenzen für die Gestaltung der Aufnahmeverfahren: Während Asylbewerber ins Land kommen und bis zur Entscheidung über ihr Begehren bleiben können, hätten Einwanderer, die der EG-Freizügigkeit nicht unterliegen, ihre Anträge zunächst im Ausland stellen und dort auf die Entscheidung zu warten. Diese Entscheidung wäre in einem möglichst transparenten rechtsstaatlichen Verfahren zu finden. Ein solches Verfahren, das die Bundesrepublik noch nicht kennt, würde die Schaffung der für die Eingliederung notwendigen Infrastruktur ermöglichen, die schwierige Integration von Menschen fremder Sprache und Kultur erleichtern und Überlastungen bei Zuwanderungsdruck regulieren. Illegal Eingereiste könnten – von besonderen Amnestieregelungen abgesehen – nicht, abgelehnte Asylbewerber erst nach Ablauf einer längeren Ausschlußfrist als Einwanderungskandidaten zugelassen werden.

Die Frage nach den ‚nationalen Interessen‘ erscheint Vielen suspekt in einem Land, das sich seiner neuen Souveränität noch nicht recht bewußt ist, ihr noch nicht gewachsen scheint, auch in Fragen der Einwanderungspolitik. Sollten sich die Deutschen, als gebrannte Kinder, nicht besser als ‚postnationale‘ Europäer und ‚Weltbürger‘ verstehen? Dieser Einwand trägt hier nicht; denn Einwanderungspolitik – ob permissiv oder restriktiv betrieben – kann auf weite Sicht ohnehin nicht mehr im nationalen Alleingang, sondern nur in Abstimmung mit den europäischen Nachbarn gestaltet werden.

Die Argumente von Demographen, Arbeitgebern und Sozialpolitikern für Einwanderung klingen eigennützig und sind es auch. Aber, wie so oft im Leben, passen die Pläne rationaler Egoisten zusammen. Denn auch die Auswanderungswilligen in Osteuropa und in der ‚Dritten Welt‘ sind vor allem auf ihren privaten Nutzen bedacht:

Sie kommen in der bestimmten Hoffnung, es möge ihnen hier materiell besser gehen. Erfahrungsgemäß gelingt dies dem größten Teil der Einwanderer auch. Sie zeigen Initiative, bringen Opfer, setzen sich durch. Einwanderung in vernünftigen Proportionen ist mithin eine bedeutende Zukunftsinvestition. Wer aus vorgeblich ‚nationalen‘ Gründen gegen Einwanderung spricht, handelt in Wahrheit gegen deutsche und europäische Interessen.

10.3. Von der Ausländer- zur Einwanderungspolitik

Was im Ergebnis vielfach zur Einwanderung geriet, wurde und wird in Deutschland bisher vor allem auf zweierlei Weise geregelt: einerseits durch Angebot und Nachfrage, andererseits durch gesetzliche Regelungen und Verwaltungsmaßnahmen, die allerdings nicht als Einwanderungspolitik firmieren, sondern als Ausländer- und Asylpolitik.

Eine neue, aktiv gestaltende Einwanderungspolitik muß zunächst bisherige politische und rechtliche Versäumnisse aufholen. Einige Millionen ‚Altfälle‘ – die ‚Gastarbeiter‘ von damals und ihre Familien – besitzen als De-facto-Einwanderer einen verfestigten Aufenthaltsstatus. Viele von ihnen erfüllen die rechtlichen Voraussetzungen für die Einbürgerung. Damit wäre, wie in klassischen Einwanderungsländern, der Einwanderungsprozeß im rechtlichen Sinne abgeschlossen. Ausländerfamilien mit zum Teil schon Generationen übergreifendem Daueraufenthalt sollten ermuntert und motiviert werden, den Schritt zur Einbürgerung zu tun. Städte und Gemeinden sollten um die so zu gewinnenden Neubürger regelrecht werben.

Nur konsequent wäre es auch, den auf deutschem Boden geborenen Kindern und Enkeln der zugewanderten Minderheiten im Regelfall die deutsche Staatsangehörigkeit anzubieten, damit sie nicht über Generationen hinweg eine Minderheit von in Deutschland geborenen und aufgewachsenen ‚Ausländern' bleiben – eine absurde, aber hierzulande reale Situation, deren Folgeschäden freilich immer absehbarer werden: Ein Land, das bloß Zuwanderung vorsieht, aber nicht Zugehörigkeit mit allen Rechten und Pflichten bietet, erzeugt massenhaft politische Parias und soziale Konflikte.

Den im Feld der Einwanderungspolitik längst überfälligen Gestaltungsaufgaben haben sich die beiden großen Parteien in Deutschland bislang entzogen. Sie beugen sich selbstauferlegten Mythen und Tabus: Während sich die Unionsparteien weiter gebunden fühlen, nur Deutschstämmige als Einwanderer aufzunehmen, drücken sich die Sozialdemokraten um klare Aussagen zu den bei zugelassener Einwanderung unumgänglichen Fragen nach Quotierung und Kontingentierung. Die einen halten, auf Kosten der nichtdeutschen De-facto-Einwanderer, am herkömmlichen Staatsangehörigkeitsrecht fest, das auf dem Jus sanguinis (Erwerb der Staatsangehörigkeit durch Abstammung) beruht. Die anderen scheuen, mit hehren Hinweisen auf die weltweite Gerechtigkeitslücke, vor dem schwierigen Alltagsgeschäft jeder Einwanderungspolitik zurück: nämlich der letztlich immer mit unumgänglichen Härten verbundenen Auswahl geeigneter Kandidaten, die die Bundesrepublik künftig braucht und verkraften kann. Während viele Zeitgenossen immer noch rituell ‚gegen Einwanderung' reden, fordern andere ebenso rituell ‚ein Einwanderungsgesetz', umgehen dabei aber nur zu gerne wortreich die Gretchenfragen der Einwanderungspolitik: Wer darf zu welcher Zeit und mit welchen Eigenschaften und Fertigkeiten als Einwanderer ins Land und wer nicht?

10.4. Optionen staatlicher Einwanderungspolitik

Staatliche Einwanderungspolitik hat viele Gestaltungsmittel und -möglichkeiten. Es ist kein Dogma, daß man, wie dies in ‚klassischen‘ Einwanderungsländern und neuerdings auch in Österreich der Fall ist, Einwanderung vornehmlich durch ein expliziertes Gesetz regeln muß. Denkbar wären auch Verwaltungsregelungen, die nach einigen Jahren legalen Aufenthalts Möglichkeiten der Niederlassung oder auch der Einbürgerung einräumen.

Dabei besteht indes die Gefahr, daß solche ‚impliziten‘ Einwanderungspolitiken nur eine Art ‚naturwüchsigen‘ Einsickerungsprozeß flankieren, statt Einwanderung im Interesse des Aufnahmelandes zu steuern, dies öffentlich zu thematisieren und zu legitimieren. Die staatliche Entscheidung bestünde weiter darin, Einwanderung zwar nicht ausdrücklich zu fördern, aber doch geschehen zu lassen, und sich mit dem vollzogenen Wanderungsprozeß dann immer wieder ‚ausländerpolitisch‘ auseinanderzusetzen.

Wer das nicht will, muß für eine Institutionalisierung der Einwanderung eintreten, also auch für eine ‚explizite‘ Regelung dieses Politikfeldes durch ein Einwanderungsgesetz. Dazu gibt es noch immer keinen Entwurf der Bundesregierung, neuerdings aber Ankündigungen und Prinzipienerklärungen des kleineren Koalitionspartners F.D.P. sowie Entwürfe der Opposition, vor allem von Bündnis 90/Grüne, und einige Vorschläge aus der Rechts- und Politikwissenschaft, die hier nicht nachgezeichnet oder um weitere Entwürfe bereichert werden sollen. Es geht nicht um einen politischen Skizzenwettbewerb in Sachen Einwanderungsgesetzgebung nach den verschiedensten europäischen oder überseeischen Vorbildern, sondern darum, von der publizistischen, politikwissenschaftlichen und politischen Diskussion endlich zu den seit langem überfälligen politischen Entscheidungen zu kommen und die durch eingeübte Verweigerungshaltungen eingeschliffenen Blockaden zu überwinden.

Die Risiken einer gesetzlichen Regelung der Einwanderung sind freilich nicht zu unterschätzen: Die öffentliche Debatte wird, zumindest anfangs, hitzig sein, zumal Fragen der Einwanderungspolitik auch in den ‚klassischen‘ Einwanderungsländern zu den umstrittensten politischen Problemen gehören. Und wo einmal Quoten gesetzt worden sind, verfestigen sie sich leicht zu tendenziell exklusiven Gruppenansprüchen. Aber der Vorteil einer vorausschauenden Einwanderungspolitik liegt darin, daß ein konfliktbeladener, für populistische Kampagnen mißbrauchbarer Prozeß entdramatisiert, durch staatliche Planung und Verwaltungsroutine ‚normalisiert‘ wird.

Einwanderungspolitik regelt nicht nur Umfang und Modalitäten des Zuzugs. Sie reicht über die Normierung des schlichten Aufenthalts und dessen rechtliche Gestaltung weit hinaus. In ihrem Zentrum sollte eine planende wie verwaltende Behörde stehen, am besten ein *Bundesministerium für Migration, Integration und multikulturelle Angelegenheiten*. Das ‚Politikfeld Einwanderung‘ erhielte durch eine solche Institution den ihm politisch zustehenden Rang.

Deutschen wird der Hang nachgesagt, für alle gesellschaftlichen Probleme sogleich ein Amt oder gar Ministerium zu bilden. In diesem Bereich freilich ist eher das Gegenteil der Fall: Während in vielen Ländern bereits hochrangige staatliche Institutionen für Einwanderung und die damit verbundenen Fragen bestehen, befaßt sich in der Bundesrepublik noch keine eigene Bundesbehörde mit den Problemen von Einwanderung und Eingliederung insgesamt. Ein Bundesministerium würde die bisher in verschiedenen Ressorts (Ministerien des Innern, für Arbeit und Sozialordnung, der Justiz) verstreuten Aufgaben bündeln, Aufgaben und Lasten mit den Ländern und Gemeinden teilen und koordinieren. Es würde zudem für die Abstimmung auf europäischen Ebene zuständig sein; denn die Vision einer – nicht nur restriktiven – europäischen Einwanderungspolitik setzt den Aufbau entsprechender nationaler Institutionen voraus.

Das Ministerium, das aus der bestehenden, mangelhaft ausgestatteten Stelle der – zusätzlich noch mit anderen Aufgaben betrauten – Ausländerbeauftragten der Bundesregierung erwachsen könnte, führt darüber hinaus die bisher disparaten Politiken und Verfahren für Aussiedler und Asylbewerber, für Zeit- bzw. Saisonarbeitskräfte zusammen. Es bereitet die entsprechenden parlamentarischen Beratungen und Entscheidungen für einen zuständigen (Unter-)Ausschuß und im Plenum des Bundestages vor. In seine Zuständigkeit fallen auf Bundesebene alle konzeptionellen Aufgaben im Bereich von schulischer und beruflicher Bildung, sozialer Eingliederung und kultureller Pflege ethnischer Minderheiten. Bei ihm wird ein Sachverständigenrat errichtet, der die praktischen Erfahrungen der Wohlfahrtsverbände und Sozialberatungen einbezieht. Das Ministerium erarbeitet geeignete Maßnahmen gegen rassische, religiöse und andere Diskriminierungen ethnischer und kultureller Minderheiten. Es kooperiert dabei mit Verbänden, Ombuds- und Meldestellen auf regionaler und lokaler Ebene.

10.5. Antidiskriminierungs- und Gleichstellungspolitik im Einwanderungsland

Entscheidend für eine Antidiskriminierungspolitik sind Zuständigkeiten im Alltag auf lokaler Ebene: Dort müssen Meldestellen, Beschwerde- und Beratungsinstanzen für Opfer der Diskriminierung geschaffen werden. Mittlerweile weitverbreitete Einrichtungen – wie die Ausländerbeauftragten der Städte oder das Amt für Multikulturelle Angelegenheiten in Frankfurt/Main – funktionieren auf dieser Schnittstelle von Bürger und Verwaltung. Eine prägnante Antidiskriminierungspolitik aber ist daraus bisher noch nicht erwachsen. Vor allem die vorbeugende Verhinderung ethnischer Diskriminierung und die ausgleichende Förderung ethnischer Minderheiten im Eingliederungsprozeß steckt in Deutschland noch in den Kinderschuhen.

Es geht dabei nicht nur darum, den Tätern durch Strafverfolgung zu zeigen, daß Diskriminierung in Wort und Tat kein Kavaliersdelikt ist, und den Opfern der verbalen und physischen Attacken, daß sie nicht schutzlos sind. Es geht auch um eine allgemeine Sensibilisierung der einheimischen Bevölkerung für Probleme im Einwanderungs- und Eingliederungsprozeß und mittelfristig um die Beseitigung jener institutionellen Ungleichheiten, die der unbewußte Einwanderungsprozeß zwangsläufig hinterlassen hat. Die Veröffentlichung eines Verhaltenskodexes und Maßnahmen ‚positiver Aktion‘, oder ein Ombudsmann sind hierfür geeignet. Das zeigen Beispiele aus den europäischen Nachbarländern, die hier erheblich weiter sind und pragmatischer denken als die unter akutem Handlungsdruck noch tiefsinnig über Grundfragen der Einwanderung streitenden Deutschen.

Auf europäischer Ebene sind für die Gestaltung kommunaler Minderheiten- und Gleichstellungspolitiken zwei grundsätzliche Fragen zu stellen: 1. Wie weit kann Antidiskriminierungspolitik von nichtstaatlichen Organisationen übernommen werden? 2. Kann und soll sie über den individuellen Schutz gegen Benachteiligung hinaus auch ethnische Gruppenrechte stärken? Was die erste Grundentscheidung angeht, so spricht die in vieler Hinsicht vorbildliche niederländische Praxis dafür, nichtstaatlichen Stellen – privaten Vereinen und Stiftungen, die unter dem Dach staatlicher Organisationen und finanziell gestützt von den Gemeinden private Meldestellen und Ombudsleute unterhalten – eine wichtige Rolle zuzuweisen. Ihre Aufgabe ist es vor allem, Opfer rassischer oder religiöser Diskriminierung zu betreuen, sie zu beraten, ihnen bei einer Klage Rechtshilfe zu vermitteln, zuvor aber die Beschwerden objektiv zu überprüfen sowie, wo immer möglich, durch Vermittlung außergerichtlich zu klären und die Probleme vielleicht auf diesem ‚weichen‘ Wege zu lösen.

Darüber hinaus versuchen die niederländischen Stellen, kommunale Verwaltungen zu beraten und deren Mitarbeiter zu schulen, um unbeabsichtigte, jedoch in der Organisationsstruktur selbst steckende Benachteiligungen von Minderheiten abzustellen. Solchen Zugang verschafft sich nicht, wer sich moralisierend z. B. über die Mitarbeiter einer Stadtverwaltung erhebt und sie ideologisch bombardiert, statt sich auf ihr Wissen und ihre Mitarbeit einzustellen, wie dies gute Organisationsberater tun. Schließlich richten sich diese Meldestellen über die lokalen Medien an die Öffentlichkeit, indem sie Typen diskriminierender Praktiken dokumentieren, dadurch bewußt machen und minderheitenfeindlicher politischer Propaganda in sachlicher Argumentation entgegentreten.

Alle, nicht nur Opfer von Diskriminierung, können sich an diese Stellen wenden, die mit Rechtsanwälten und Journalisten ebenso in Verbindung stehen wie mit Arbeitgebern, Vermietern und staatlichen Organen. Das Aufgabenfeld reicht mithin von der Einzelfallhilfe nach bereits erfolgten Diskriminierungen bis zum Bemühen um die Beseitigung der strukturellen Bedingungen ethnischer Benachteiligung. Antidiskriminierungsstellen auf kommunaler Ebene sind damit nicht allein Sachwalter von Belangen der Fremden, sondern auch Orte der Selbstreflexion der ganzen Stadtgesellschaft.

Eine andere Frage ist es, ob mit der Bekämpfung und vorbeugenden Verhinderung aktueller Benachteiligung eine Politik der ausgleichenden Bevorzugung einhergehen sollte. Grundsätzlich ist eine ‚positive Diskriminierung' problematisch, und die Erfahrungen mit der ethnischen Quotierung in den Vereinigten Staaten sprechen generell nicht für die Übernahme solcher Experimente. Als gutgemeinte Kompensationen nicht mehr nur lebensgeschichtlich, sondern schon historisch erlittener Benachteiligung gedacht, verschärfen sie oft noch ethnische Ausgrenzungen, statt sie zu überwinden. Dennoch kann es nicht auf Dauer angehen, daß in der Bundesrepublik gerade in den öffentlichen Einrichtungen, die überdurchschnittlich häufig von Angehörigen ethnischer Minderheiten in Anspruch genommen werden, diese Gruppen als Beschäftigte oder gar in Leitungsfunktion nicht oder nur ganz vereinzelt anzutreffen sind. Auch zu den höheren Schulen und Universitäten, wo sie dafür qualifiziert werden könnten, finden sie nicht im gewünschten und wünschenswerten Maße Zugang. Dies sind oft Spätfolgen erlittener Benachteiligungen und fortgesetzter institutioneller Diskriminierung. Um so mehr gehört es zur Aufgabe kommunaler Gleichstellungspolitik, unterhalb der kritischen

Schwelle der ethnischen Quotierung die ausgleichende Förderung ethnischer Minderheiten in der Bildungs- und Beschäftigungspolitik zu betreiben und entsprechende Förderungskonzeptionen zu erarbeiten. Eine kommunale Gleichstellungspolitik aber wird um so erfolgreicher sein, je eher Stadtverwaltungen und Stadtgesellschaften einsehen, daß der faktische Ausschluß ethnischer Minderheiten ihnen nicht nur wichtige Begabungen vorenthält, sondern langfristig auch hohe soziale Spannungen verursacht, die morgen sehr viel mehr kosten werden als kommunale Antidiskriminierungs- und Gleichstellungskonzepte heute.

Eine erfolgreiche Einwanderungspolitik aber muß in ihren Grundlagen konsensfähig sein. Einwanderung kann in einem demokratischen Staatswesen nicht gegen die einheimische Bevölkerung durchgesetzt werden. Einwanderungspolitik braucht deshalb öffentliche Legitimation. Dieses hohe Ziel darf aber nicht zu dem Schluß führen, man solle über Einwanderung am besten schweigen, oder gar zu der Polemik, wer Einwanderungsgesetzgebung und Einwanderungspolitik fordere, sei verantwortlich für die nächsten Ausschreitungen gegen Fremde. Damit wird auf fatale Weise die Verantwortung herumgedreht: Schuld an den Ausschreitungen ist gerade das Fehlen einer rationalen Debatte und Politik über Einwanderung und Eingliederung. Auch der politischen Warnung, die Einwanderungsthematik solle ‚aus dem Wahlkampf herausgehalten‘ werden, ist nur zuzustimmen, soweit es damit um eine Absage an Demagogie und Hetze geht. Deutschland kann es sich nicht leisten, daß über das Thema Einwanderung öffentlich geschwiegen und hinter verschlossenen Türen entschieden wird.

Abkürzungsverzeichnis

AEVO ...... Arbeitserlaubnisverordnung
AFG .... Arbeitsförderungsgesetz
AuslG ...... Ausländergesetz
BAföG ..... Bundesausbildungsförderungsgesetz
BetrVG ..... Betriebsverfassungsgesetz
BVFG ...... Bundesvertriebenen- und Flüchtlingsgesetz
EFTA ...... European Free Trade Association (Europäische Freihandelsassoziation)
EG .... Europäische Gemeinschaft
EWG .... Europäische Wirtschaftsgemeinschaft
GATT ...... General Agreement of Tariffs and Trade (Allgemeines Zoll- und Handelsabkommen)
GG .... Grundgesetz
KSZE ...... Konferenz über Sicherheit und Zusammenarbeit in Europa
OECD ...... Organization for Economic Cooperation and Development (Organisation für wirtschaftliche Zusammenarbeit und Entwicklung)
RuStAG ..... Reichs- und Staatsangehörigkeitsgesetz
SGB .... Sozialgesetzbuch
UN .... United Nations (Vereinte Nationen)
UNDP ...... United Nations Development Programme (Entwicklungsprogramm der UN)

Autorenverzeichnis

Klaus J. Bade, Dr., geb. 1944, Professor für Neueste Geschichte und Direktor des Instituts für Migrationsforschung und Interkulturelle Studien (IMIS) der Universität Osnabrück; Mitglied der Historischen Kommission für Niedersachsen und Bremen; Vorsitzender der Gesellschaft für Historische Migrationsforschung (GHM); Mitglied der EKD-Kommission für Ausländerfragen und ethnische Minderheiten und der Gemeinsamen kirchlichen Arbeitsgruppe zum Problemfeld ,Asyl, Flüchtlinge, Migration'; Arbeitsgebiete: Sozial- und Wirtschaftsgeschichte, Kolonial- und Überseegeschichte, Bevölkerungs-, Arbeitsmarkt- und Migrationsforschung; Veröffentlichungen u.a.: –, Friedrich Fabri und der Imperialismus in der Bismarckzeit: Revolution – Depression – Expansion, Freiburg i.Br. 1975; –, Vom Auswanderungsland zum Einwanderungsland? Deutschland 1880–1980, Berlin 1983; – (Hg.), Auswanderer – Wanderarbeiter – Gastarbeiter. Bevölkerung, Arbeitsmarkt und Wanderung in Deutschland seit der Mitte des 19. Jahrhunderts, 2 Bde., 2. Aufl. Ostfildern 1986; – (Hg.), Population, Labour and Migration in 19th and 20th Century Germany, Oxford 1987 (span. Übers. Madrid 1992); –, Ausländer – Aussiedler – Asyl in der Bundesrepublik Deutschland, 2. überarb. Ausg. Hannover u. Bonn 1992; – (Hg.), Deutsche im Ausland – Fremde in Deutschland: Migration in Geschichte und Gegenwart, 3. Aufl. München 1993.

Ursula Boos-Nünning, Dr., geb. 1944, Professorin für Erziehungswissenschaft mit dem Schwerpunkt Ausländerpädagogik und Stellv. Leiterin des Instituts für Migrationsforschung, Ausländerpädagogik und Zweitsprachendidaktik (IMAZ) der Universität/GH Essen; Mitglied im Wiss. Beirat des Zentrums für Türkeistudien, Essen; Arbeitsgebiete: Interkulturelle Erziehung mit den Schwerpunkten: schulische und außerschulische Sozialisation, Übergang Schule – Beruf; Veröffentlichungen u.a.: –, Schulausbildung ausländischer Kinder, Bonn 1976; –, Ausländische Kinder. Gesellschaft und Schule im Herkunftsland, Düssel-

dorf 1977; –, Sozialpädagogische Arbeit mit türkischen Jugendlichen in der Berufsvorbereitung, München 1984; –, Aufnah-
meunterricht, muttersprachlicher Unterricht, interkultureller
Unterricht. Ergebnisse einer vergleichenden Untersuchung zum
Unterricht für ausländische Kinder in Belgien, England, Frankreich und den Niederlanden, München 1985; –, Berufswahl türkischer Jugendlicher, Nürnberg 1989; –, Berufswahlsituation
und Berufswahlprozesse griechischer, italienischer und portugie-
sischer Jugendlicher, Nürnberg 1990; – (Hg.), Jugendliche ausländischer Herkunft vor der Berufswahl. Handbuch für die Be-
rufsberatung, Nürnberg 1993.

Friedrich Heckmann, Dr., geb. 1941, Professor für Soziologie und
Leiter des Europäischen Forums für Migrationsstudien (EFMS)
an der Universität Bamberg; Sprecher der Sektion Migration und
ethnische Minderheiten in der Deutschen Gesellschaft für Soziologie; Arbeitsgebiete: Migration und interethnische Beziehungen, Sozialisationsforschung, Geschichte der Soziologie, Sozialstruktur Deutschlands; Veröffentlichungen u.a.: –, Sozialisation
in der Erwachsenenbildung, Frankfurt a.M. 1977; –, Die Bundesrepublik, ein Einwanderungsland? Zur Soziologie der Gastarbeiterbevölkerung als Einwandererminorität, Stuttgart 1981; –
(Hg.), 21. Deutscher Soziologentag 1982. Beiträge der Sektions-
und Ad hoc-Gruppen, Opladen 1983; – (zus. m. F. Kröll), Einführung in die Geschichte der Soziologie, Stuttgart 1984; –, Ethnische
Minderheiten, Volk und Nation. Soziologie inter-ethnischer Beziehungen, Stuttgart 1992; – (Hg.), Soziologie für Erziehungs- und
Sozialberufe, München 1993.

Claus Leggewie, Dr., geb. 1950, Professor für Politische Wissen-
schaft, Universität Gießen; Arbeitsgebiete: Vergleichende Politikwissenschaft, Frankreich, Maghreb, Kulturpolitik, Postmo-
derne; Veröffentlichungen u.a.: –, Der Geist steht rechts. Ein
Ausflug in die Denkfabriken der Wende, 2. Aufl. Berlin 1989; –,
Die Republikaner. Ein Phantom nimmt Gestalt an, 5. Aufl. Berlin 1990; –, Nachgetragenes Mitleid. Essays, Göttingen 1991; –
(Hg. zus. m. B. Giesen), Experiment Vereinigung, Berlin 1991;
–, Die Türken in Deutschland. Geschichte einer Emigration,
München 1992; –, MultiKulti. Spielregeln für die Vielvölkerre-
publik, 3. Aufl. Berlin 1993; –, Druck von rechts. Wohin treibt
die Bundesrepublik?, München 1993; – (Hg. zus. m. Zafer Şeno-
cak), Deutsche Türken. Das Ende der Geduld, Reinbek 1993.

Otto Kimminich, Dr., geb. 1932, Professor für Öffentliches Recht insbesondere Staatsrecht, Völkerrecht und Politik, Universität Regensburg; Arbeitsgebiete: Ausländer- und Asylrecht, Humanitäres Völkerrecht, Internationales Flüchtlingsrecht, Menschenrechte, Friedensforschung; Veröffentlichungen u. a.: –, Asylrecht, Berlin 1968; –, Humanitäres Völkerrecht – Humanitäre Aktion, München 1972; –, Menschenrechte. UNO im Zwielicht, München 1973; –, Der Aufenthalt von Ausländern in der Bundesrepublik Deutschland, München 1980; –, Grundprobleme des Asylrechts, Darmstadt 1983; –, Rechtsprobleme der polyethnischen Staatsorganisation, Mainz 1985; –, Die Menschenrechte in der Friedensregelung nach dem Zweiten Weltkrieg, Berlin 1990; –, Deutschland und Europa. Historische Grundlagen, Berlin 1992; –, Einführung in das Völkerrecht, 5. Aufl. Tübingen/Basel 1992; –, Der völkerrechtliche Hintergrund der Aufnahme und Integration der Heimatvertriebenen und Flüchtlinge in Bayern, München 1993.

Meinhard Miegel, Dr., geb. 1939, Professor an der Wirtschaftswiss. Fakultät der Universität Leipzig und Direktor des Instituts für Wirtschaft und Gesellschaft (IWG), Bonn; Arbeitsgebiete: Bevölkerung und Migration, Arbeitsmarkt, Wirtschafts- und Arbeitskultur, Soziale Sicherungssysteme, wirtschaftliche und gesellschaftliche Folgen der deutschen Vereinigung; Veröffentlichungen u. a.: –, Sicherheit im Alter. Plädoyer für die Weiterentwicklung des Rentensystems, Stuttgart 1981; –, Arbeitsmarktpolitik auf Irrwegen. Zur Ausländerbeschäftigung in der Bundesrepublik Deutschland, Stuttgart 1984; –, Investieren in Deutschland. Die Bundesrepublik als Wirtschaftsstandort, Stuttgart 1989; – (zus. m. R. Grünewald, K. D. Grüske), Wirtschafts- und arbeitskulturelle Unterschiede in Deutschland: Zur Wirkung außerökonomischer Faktoren auf die Beschäftigung. Eine vergleichende Untersuchung, Gütersloh 1991; –, Das Ende des Individualismus. Die Kultur des Westens zerstört sich selbst, München 1993.

Rainer Münz, Dr., geb. 1954, Professor für Bevölkerungswissenschaft, Humboldt-Universität Berlin; bis 1992 Direktor des Instituts für Demographie der Österreichischen Akademie der Wissenschaften, Wien; Arbeitsgebiete: Migrationsforschung, Ethnizität und Minderheiten, Bevölkerungs-, Familien- und Wanderungspolitik; Veröffentlichungen u. a.: – (zus. m. P.

Findl, R. Holzmann), Bevölkerung und Sozialstaat, Wien 1987; – (zus. m. T. Horvath), Migration und Arbeitsmarkt, Eisenstadt 1988; – (zus. m. G. Baumgartner, E. Müllner), Identität und Lebenswelt, Eisenstadt 1990; – (zus. m. P. Findl, H. Faßmann), Die Auswirkungen der internationalen Wanderungen auf Österreich, Wien 1991; – (zus. m. J. Kytir), Alter und Pflege, Berlin 1992; – (zus. m. H. Faßmann), Einwanderungsland Österreich, 4. Aufl. Wien 1992; – (zus. m. H. Holzer), Trendwende? – Sprache und Ethnizität im Burgenland, Wien 1993; – (zus. m. H. Faßmann), European Migration in the Late 20th Century, Cheltenham (1994).

Dieter Oberndörfer, Dr., geb. 1929, Professor für Politische Wissenschaft, Direktor des Seminars für Wissenschaftliche Politik der Universität Freiburg i. Br. und des Arnold-Bergstraesser-Instituts, Freiburg i. Br.; Mitglied im Wiss. Beirat des Bundesministeriums für wirtschaftliche Zusammenarbeit, im Verwaltungsrat des Deutschen Entwicklungsdienstes, in der deutschen UNESCO-Kommission und in der EKD-Kommission für Ausländerfragen und ethnische Minderheiten; Arbeitsgebiete: Entwicklungsländerpolitik, politische Meinungsforschung, politische Theorie und Ideengeschichte; Veröffentlichungen u.a.: – (Hg.), Wirtschaftlicher Wandel, religiöser Wandel und Wertwandel. Folgen für das politische Verhalten in der Bundesrepublik Deutschland, Berlin 1985; –, Die offene Republik, Freiburg i.Br. 1991; – (Hg.), Parteien und regionale politische Traditionen in der Bundesrepublik Deutschland, Berlin 1991; – (Hg.), Die Bundesrepublik im Umbruch, Freiburg i.Br. 1992; – (zus. m. U. Berndt), Einwanderungs- und Eingliederungspolitik als Gestaltungsaufgaben. Arbeitspapiere zum Carl-Bertelsmann-Preis 1992, Bertelsmann Stiftung, Gütersloh 1992; –, Der Wahn des Nationalen. Die Alternative der offenen Republik, Freiburg i.Br. 1993.

Peter J. Opitz, Dr., geb. 1937, Professor für Politische Wissenschaft und Leiter der Forschungsstelle Dritte Welt am Geschwister-Scholl-Institut der Universität München; Dozent an der Hochschule für Politik, München; Mitglied im Wiss. Beirat des Bundesministeriums für wirtschaftliche Zusammenarbeit und des Auswärtigen Amtes, Bonn; Arbeitsgebiete: Politische Theorie, Politik und Philosophie im asiatisch-pazifischen Bereich, Entwicklungsländer- und Migrationsforschung; Veröffentlichungen u.a.: – (Hg.), Das Weltflüchtlingsproblem. Ursachen und Folgen, München 1988; – (Hg.), Weltprobleme (Bayerische Landeszentrale für pol. Bildungsarbeit / Bundeszentrale für pol. Bildung), 3. Aufl. München u. Bonn 1990; –, Gezeitenwechsel in China. Die Modernisierung der chinesischen Außenpolitik, Zürich 1991; – (Hg.), Grundprobleme der Entwicklungsländer, München 1991; –, Menschen auf der Flucht. Fluchtbewegungen und ihre Ursachen als Herausforderung an die Politik, Bonn 1991.

Michael Wollenschläger, Dr., geb. 1946, Professor für Öffentliches Recht und Sozialrecht, Universität Würzburg; Präsident des Wiss. Beirates der Forschungsgesellschaft für das Weltflüchtlingsproblem (AWR), Mitglied im Wiss. Beirat der Zeitschrift für Ausländerrecht und Ausländerpolitik; Arbeitsgebiete: Asyl-, Flüchtlings- und Ausländerrecht, Ausländersozialrecht, europäische Asylrechtsregelung; Veröffentlichungen u.a.: –, Immanente Schranken des Asylrechts, Baden-Baden 1972; – (Hg.), Handbuch des Asylrechts, 2 Bde., Baden-Baden 1980; – (Hg.), Entscheidungssammlung zum Ausländer- und Asylrecht, Baden-Baden 1982ff.; – (Hg.), Handbuch des Ausländerrechts der Bundesrepublik Deutschland, Frankfurt a.M. 1985ff.; –, Das Arbeitsverhältnis im Privatrecht, 4. Aufl. Herne 1987.

Ausländer in Deutschland –
Deutsche im Ausland

Klaus J. Bade (Hrsg.)
Deutsche im Ausland – Fremde in Deutschland
Migration in Geschichte und Gegenwart
3., unveränderte Auflage. 1993. 542 Seiten mit
84 Abbildungen und 11 Karten
Gebunden

Beate Winkler (Hrsg.)
Zukunftsangst Einwanderung
3., aktualisierte Auflage. 1993. 122 Seiten
Paperback
Beck'sche Reihe Band 471

Thomas Urban
Deutsche in Polen
Geschichte und Gegenwart einer Minderheit
1993. 220 Seiten. Paperback
Beck'sche Reihe Band 1012

Wolfgang Benz (Hrsg.)
Integration ist machbar
Ausländer in Deutschland
1993. 189 Seiten. Paperback
Beck'sche Reihe Band 1016

Peter J. Opitz (Hrsg.)
Das Weltflüchtlingsproblem
Ursachen und Folgen
1988. 238 Seiten. Paperback
Beck'sche Reihe Band 367

Verlag C. H. Beck München